HERMANN SIEMER

Normenkontrolle durch Feststellungsklage?

Schriften zum Prozessrecht

Band 20

Normenkontrolle durch Feststellungsklage?

Ein Beitrag zur Frage des verwaltungsgerichtlichen
Rechtsschutzes gegen rechtswidrige Normen

Von

Dr. Hermann Siemer

DUNCKER & HUMBLOT / BERLIN

Alle Rechte vorbehalten
© 1971 Duncker & Humblot, Berlin 41
Gedruckt 1971 bei Alb. Sayffaerth, Berlin 61
Printed in Germany
D 6

ISBN 3 428 02364 1

Inhaltsverzeichnis

Einleitung   9

Erstes Kapitel

Gegenstand und Ortsbestimmung   12

A. Der Gegenstand der Untersuchung 12

B. Ortsbestimmung der Untersuchung 14

    I. Das Normenkontrollverfahren nach § 47 VwGO 14

    II. Die Rechtsschutzgarantie des Art. 19 Abs. 4 GG 19

        1. Art. 19 Abs. 4 und die verfassungskonforme Auslegung des § 47 VwGO 19

        2 Art 19 Abs. 4 und verfahrensindifferente Lösungsversuche . . 20

    III. Kritik und eigene Ortsbestimmung 21

        1. Das Verfahrenssystem der VwGO 21

        2. Insbesondere: Die Feststellungsklage nach § 43 VwGO . . . 22

Zweites Kapitel

Rechtsschutz gegen Normen durch die Feststellungsklage   25

A. Rechtsschutz durch prinzipale und inzidente Normenkontrolle . . . 25

B. Die inzidente Normenkontrolle durch Feststellungsklage 26

    I. Die Voraussetzungen ihrer Zulässigkeit 26

        1. Der Begriff des Rechtsverhältnisses i. S. d. § 43 Abs. 1 VwGO   26

            a) Der allgemeine Begriff des Rechtsverhältnisses 27

            b) Eingrenzungsversuch mittels des Merkmals „Konkretisierung" 27

               aa) Die herrschende Definition 27

Inhaltsverzeichnis

bb) Die zwei Formen der Konkretisierung 30
    α) Konkretisierung durch ein Tätigwerden der Behörde oder des Bürgers 31
        αα) Durch formloses Handeln 31
        ββ) Durch rechtsförmiges Handeln 34
        γγ) Kritik: Konkretisierung als Voraussetzung von Streitigkeit und Rechtsschutzbedürfnis . . . 34
    β) Konkretisierung als Tatbestandserfüllung 35

c) Systematische Begriffsbestimmung des Rechtsverhältnisses i. S. d. § 43 Abs. 1 VwGO 37

    aa) Rechtsverhältnisse im Kräftefeld des Verwaltungseinzelakts 38
        α) Rechtsverhältnis aufgrund Verwaltungsakts . . . 38
        β) Das dem Verwaltungsakt vorgängige Rechtsverhältnis 40
        γ) Die Feststellbarkeit dieser Rechtsverhältnisse i. S. d. § 43 VwGO 42
            αα) Inzidentfeststellung von Nichtigkeit oder Wirksamkeit eines Verwaltungsakts 42
            ββ) Der Verwaltungsakt als verbindliche Feststellung des ihm vorgängigen Rechtsverhältnisses 43
            γγ) § 43 Abs. 2 VwGO und die strukturelle Unterscheidung von Anfechtungs- und Feststellungsklage 47

    bb) Rechtsverhältnisse aufgrund von Normen 49
        α) Entstehung durch Tatbestandserfüllung oder durch Eintritt der Regelungswirkung? 49
            αα) Das Problem des sogenannten Fortsetzungsrechtsverhältnisses 49
            ββ) Zukünftiges Rechtsverhältnis und vorbeugende Feststellungsklage 50
        β) Insbesondere: Rechtsverhältnis im Bereich der self-executing Norm 51

    cc) Rechtsverhältnisse aufgrund öffentlich-rechtlichen Vertrages 55

d) Zwischenergebnis 55

2. Das Rechtsschutzbedürfnis 56

II. Die Voraussetzungen ihrer Begründetheit 57

C. *Die Vereinbarkeit der prinzipalen Normenkontrolle nach § 47 VwGO mit der inzidenten Normenkontrolle nach § 43 VwGO* 58

Literaturverzeichnis   61

Abkürzungsverzeichnis

AcP	=	Archiv für die civilistische Praxis
AöR	=	Archiv des öffentlichen Rechts
Bachof, Vornahmeklage	=	Otto Bachof, Die verwaltungsgerichtliche Klage auf Vornahme einer Amtshandlung, Tübingen 1951
BayVBl	=	Bayerische Verwaltungsblätter
BBauG	=	Bundesbaugesetz vom 23. Juni 1960
BVerfG	=	Bundesverfassungsgericht
BVerwG	=	Bundesverwaltungsgericht
Die Grundrechte	=	Handbuch der Theorie und Praxis der Grundrechte. Hrsg. von Neumann, Bettermann, Nipperdey, Scheuner Berlin 1956 bis 1962 (zit. nach Band, Halbband, z. B. III/2)
DÖV	=	Die öffentliche Verwaltung
DVBl	=	Deutsches Verwaltungsblatt
ESVGH	=	Entscheidungen des Hessischen Verwaltungsgerichtshofs und des Verwaltungsgerichtshofs Baden-Württemberg mit Entscheidungen der Staatsgerichtshöfe beider Länder
Eyerman-Fröhler	=	Verwaltungsgerichtsordnung, Kommentar von Eyermann und Fröhler, 4. Aufl. München und Berlin 1965
Festschrift für Laforet	=	Verfassung und Verwaltung in Theorie und Wirklichkeit. Festschrift für Geheimrat Prof. Dr. Wilhelm Laforet (Veröffentlichung des Institus für Staatslehre und Politik e. V. in Mainz, Bd. 3) München 1952
GO	=	Gemeindeordnung
GG	=	Grundgesetz für die Bundesrepublik Deutschland vom 23. Mai 1949
HdbDStR	=	Handbuch des Deutschen Staatsrechts. Hrsg. von Gerhard Anschütz und Richard Thoma, 2 Bde., Tübingen 1930/32
Jellinek-Gedächtnisschrift	=	Forschungen und Berichte aus dem öffentlichen Recht. Gedächtnisschrift für Walter Jellinek, hrsg. von Otto Bachof, Martin Draht, Otto Gönnenwein und Ernst Walz, München 1955
JöR	=	Jahrbuch des öffentlichen Rechts (NF seit 1951)
JR	=	Juristische Rundschau
JuS	=	Juristische Schulung
JZ	=	Juristenzeitung
Maurer	=	Hartmut Maurer, Rechtsschutz gegen Rechtsnormen. Tübinger Festschrift für Eduard Kern, Tübingen 1968, S. 275 bis 312

Maunz-Dürig	=	Grundgesetz-Kommentar von Theodor Maunz und Günther Düring, München und Berlin, seit 1958
MDR	=	Monatsschrift für deutsches Recht
MRVO	=	Militärregierungsverordnung
NJW	=	Neue Juristische Wochenschrift
NRW	=	Nordrhein-Westfalen
OVG	=	Oberverwaltungsgericht
Redeker — v. Oertzen	=	Konrad Redeker und Hans Joachim v. Oertzen, Verwaltungsgerichtsordnung, Münster 1960
Ule, Verwaltungsgerichtsbarkeit	=	Carl Hermann Ule, Verwaltungsgerichtsbarkeit: M. v. Brauchitsch, Verwaltungsgesetze des Bundes und der Länder, Neue Ausgabe I 2, 2. Aufl. Köln, Berlin, München und Bonn 1962
VG	=	Verwaltungsgericht
VGH	=	Verwaltungsgerichtshof
VVDStRL	=	Veröffentlichungen der Vereinigung der Deutschen Staatsrechtslehrer
VerwArch	=	Verwaltungsarchiv
VwGO	=	(Bundes-) Verwaltungsgerichtsordnung vom 21. Januar 1960
VerwRspr	=	Verwaltungsrechtsprechung in Deutschland. Hrsg. von G. Ziegler

Einleitung

Wer vor dem Verwaltungsgericht Rechtsschutz gegen Normen[1] sucht, läßt sich auf ein Glücksspiel ein. Die Rechtsprechung ist uneinheitlich, das Schrifttum zerstritten; die prozessualen Möglichkeiten sind undurchsichtig[2]. Noch immer ist der Streit nicht ausgetragen, was unter öffentlicher Gewalt i. S. d. Art. 19 Abs. 4 GG zu verstehen[3], und folglich, ob gegen Normen überhaupt Rechtsschutz zu gewähren sei[4]. Angesichts dessen verwundert die Rede von „grauen Rechtsschutzzonen"[5] — wie sie mit dem Grundgesetz unvereinbar seien — nicht. Es drängt sich aber zugleich die Frage auf, inwieweit nicht gerade eine Überfeinerung des Rechtsschutzsystems Ursache für derartiges Niemandsland ist[6]. Im Labyrinth der Rechtswege und Rechtsschutzmöglichkeiten wird allzuschnell — da eine gesetzliche Regelung fehle — die Verfassung beschworen. Es fehlt jedoch nicht am Gesetz, es fehlen seine Interpreten. Das Grundgesetz hat in seinem mit überschwenglichem Lob[7] bedachten Art. 19 Abs. 4 jedem Bürger die Möglichkeit garantiert, das unabhängige Ge-

---

[1] Die Begriffe Rechtssatz und Norm werden im folgenden wegen der begrifflichen Affinität zum Normenkontrollverfahren synonym gebraucht. Zur begrifflichen Unterscheidung vgl. Hans J. Wolff VerwR I § 34 II b 1 βαα, S. 98.

[2] Vgl. Maurer S. 275 m. w. N.; Rencks Meinung in JuS 1967, S. 547 f., daß „sich auch in der Praxis die Auffassung durchgesetzt haben dürfte, daß der Rechtsschutz unmittelbar gegen Rechtsvorschriften durch die Feststellungsklage nach § 43 VwGO gewährt werden kann", wird durch die Praxis nicht bestätigt. Vgl. dazu die Nachweise im Laufe der Untersuchung.

[3] Noch jüngst hat dazu das BVerfG Stellung genommen, siehe DVBl. 1968, S. 637. Dazu kritisch: Wilken DVBl. 1969, S. 532; Henke JZ 1969, S. 145; Lorenz DVBl. 1969, S. 144. Das BVerfG schließt an die verfehlte Alternative: Legislative ja oder nein? an und läßt die Legislative nicht unter die „öffentliche Gewalt" fallen. Zu dieser Alternative schon Klein VVDStRL 8, S. 67 (verneinend), v. d. Heydte ebd. S. 162 f. (bejahend). Aus ihr führt Obermayer DVBl. 1965, S. 625 (628) mit der Klarstellung heraus, daß es um die *Verwaltung als Normerlasserin* geht.

[4] Einen richtigen Ansatzpunkt gibt Bachof, wonach nicht von der Rechtsform des Hoheitsaktes, sondern von seiner Wirkung auszugehen ist: VVDStRL 18, S. 208 ff.; ders. AöR 86, S. 188. Siehe noch Renck JuS 1966, S. 273 (274); Obermayer BayVBl. 1958, S. 69 (70) sowie die zahlreichen Nachweise (auch zur Rspr.) bei Maurer S. 279 bis 287.

[5] Rupp JZ 1965, S. 370; daran anschließend Renck JuS 1966, S. 273.

[6] Vgl. Forsthoff VVDStRL 18, S. 202; Dürig, in Maunz-Dürig GG Art. 19 IV Rz. 6 m. N.

[7] Einige Beispiele führt Dürig an: in MD Art. 19 IV Rz. 1 und 5; vgl. auch Ress S. 247 (bes. Anm. 63).

richt[8] zur Kontrolle anzurufen, wann immer er sich in seinen Rechten verletzt glaubt; damit gebietet es zugleich, daß eben jene Verfahrensordnungen, die Möglichkeit und Ausgestaltung dieser Kontrolle regeln, klar seien. Wäre dem nicht so, dann könnte dem Bürger de facto wieder genommen werden, was die Verfassung ihm gewährt hat[9]. Indes kann kein Gesetz durch seine bloße Formulierung, und somit auch kein Verfahrensgesetz, diesem Gebot der Transparenz genügen. Vielmehr liegt es dem Richter ob, Möglichkeit und Ausgestaltung des Rechtsschutzverfahrens durch seine interpretatorische Anstrengung zu klären. Dieser Pflicht entzieht er sich, wenn er in die Beliebigkeit der Wörter und Formeln oder in die voreilige Anrufung wirklicher oder vermeintlicher Verfassungsgrundsätze flüchtet.

Die Auseinandersetzung darüber, wie gegen Normen, die den Bürger in seinen Rechten verletzen, Rechtsschutz gewährt werden könne, ist durch eben diese Flucht in „Formelkompromisse"[10] und flugs beschworene verfassungsrechtliche Gebote gekennzeichnet. Das hat zu dem untragbaren Ergebnis geführt, daß der Zufall über den Erfolg einer Klage entscheidet, mit der sich ein Bürger gegen die Verletzung seiner Rechte durch eine Norm wendet[11]. Leerformeln nämlich sind jedem dienstbar, da sie zwar nicht Gedankengänge zu unterscheiden, wohl aber Begriffe zu vermeiden geeignet sind.

Die folgende Untersuchung möchte für den Rechtsschutz gegen Normen einen Weg aufweisen[12]. Ihr Lösungsvorschlag ist in der thematischen Frage angedeutet.

Sie geht von der Erkenntnis aus, daß keine Frage ohne ihre genaue Ortsbestimmung zutreffend gelöst werden kann. Eben an diesem Man-

---

[8] Art. 92 und 97 GG.
[9] Zum Verfassungsgrundsatz der — für das Verfahrensrecht wesentlichen — Rechtssicherheit: Menger, in Staatsbürger und Staatsgewalt II S. 435 m. w. N.; Maurer DöV 1966, S. 478 Fußn. 8.
[10] Diesen — von Carl Schmitt stammenden — Ausdruck verwenden Renck JuS 1966, S. 273 (274) und Menger/Erichsen VerwArch 57 (1966), S. 392 in bezug auf den Beschluß des BVerwG DöV 1965, S. 169, wonach — im Gegensatz zum Urteil des VGH Mannheim DVBl. 1966, S. 408, das einen gleichliegenden Fall betraf — die Feststellungsklage als Rechtsschutzmittel gegen eine Ortssatzung, die den Benutzungszwang des Städt. Schlachthofs einführte, unzulässig ist, weil damit „die Nachprüfung der Rechtmäßigkeit einer Norm der eigentliche Gegenstand eines Verwaltungsstreitverfahrens" und so § 47 VwGO unterlaufen würde.
[11] Vgl. die Rechtsprechungsnachweise im Verlaufe der Untersuchung; sowie die vorige Anm.
[12] Es enthält zwar eine zutreffende Beobachtung, aber keine befriedigende Lösung, wenn Klaus Meyer DöV 1969, S. 163, angesichts des Problems, gegen Baupläne Rechtsschutz zu gewähren, schreibt, daß „der Verfechter des Rechtsstaates (sich) nur mit dem Vertrauen helfen (kann), daß unsere Rechtsstaatlichkeit nicht allein durch die Gerichte gewährleistet wird, sondern ... auch der Verwaltung selbst als Richtlinie dienen muß".

gel krankt die bisherige Behandlung des anstehenden Problems. So konnte es geschehen, daß die unvermittelte Konzentrierung der Fragestellung auf das Verfahren nach § 47 VwGO und das System der prinzipalen Normenkontrollverfahren, insbesondere aber ihre voreilige Ansiedlung im Bereich des Art. 19 Abs. 4 GG bisher noch nicht zu einer Antwort geführt hat, die diesem Rechtsschutzgebot entspräche.

Im ersten Teil sollen deshalb — nachdem zuvor der Gegenstand der Untersuchung näher umrissen ist — der Nachweis, daß die bisherigen Fragestellungen desorientiert sind, sowie eine eigene Ortsbestimmung versucht werden. Als gesetzlicher Ort, an dem die Untersuchung angesetzt werden muß, wird sich das Verfahrenssystem der VwGO und in diesem die verwaltungsgerichtliche Feststellungsklage nach § 43 erweisen.

Diese soll sodann im zweiten Teil auf ihre Möglichkeiten, Rechtsschutz gegen Normen zu gewähren, untersucht werden; im Mittelpunkt steht dabei der Begriff des Rechtsverhältnisses i. S. d. § 43 Abs. 1 VwGO.

Erstes Kapitel

Gegenstand und Ortsbestimmung

A. Der Gegenstand der Untersuchung

Verfahrensrechtliche Probleme wirft der Normalfall des Rechtssatzes nicht auf. Seine generell-abstrakte Regelung[1] wird durch einen konkretisierenden und individualisierenden Einzelakt angewendet. Dieser Einzelakt ist in der nachgerade klassischen verwaltungsprozessualen Klageform der Anfechtungsklage[2] angreifbar und somit regelmäßig effektiver Rechtsschutz möglich[3].

Nahezu ungelöste prozessuale Fragen entstehen jedoch durch jene Rechtssätze, die in den Rechtskreis des Bürgers hineinwirken, ohne eines weiteren — und anfechtbaren — hoheitlichen Rechtsaktes zu bedürfen, mittels dessen ihr Regelungsgehalt auf einen bestimmten Adressaten appliziert würde[4].

Sie werden häufig als unmittelbar wirkende Normen[5] oder — im übernommenen englischen Ausdruck — als self-executing[6] bezeichnet. Keine dieser Bezeichnungen ist sonderlich glücklich, da sie — in gewissem Sinne auf jeden Rechtssatz zutreffend — den Kreis der gemeinten Normen nicht streng abzuscheiden vermögen. Auch ein Rechtssatz nämlich, der notwendig oder tatsächlich durch einen Einzelakt vermittelt wird, wirkt — je nach seiner Struktur unterschiedlich intensiv[7]

---

[1] Zur Struktur des Rechtssatzes vgl. die Arbeit von Volkmar: Allgemeiner Rechtssatz und Einzelakt, Berlin 1962.

[2] Menger, System S. 97, spricht vom „Kernstück des Verwaltungsstreitverfahrens"; Maurer davon, daß an der Anfechtungsklage das ganze Rechtsschutzsystem traditionell orientiert gewesen sei (S. 276).

[3] Obwohl es auch hier schwierige Fragen gibt wie etwa die analoge Anwendbarkeit des § 113 Abs. 1 S. 4 VwGO im Falle der „Überrumpelung" durch einen Verwaltungsakt, der sich vor oder nach Rechtshängigkeit erledigt.

[4] Beispiele bei Bettermann AöR 86, S. 128 ff.; Renck JuS 1966, S. 273 ff.; Bachof AöR 86, S. 186; insbesondere Maurer S. 278.

[5] Obermayer DVBl. 1965, S. 627; Wilken DVBl. 1969, S. 532 m. N.

[6] Vgl. Menger/Erichsen VerwArch 57 (1966), S. 391. Als „Vollzugsnormen" bezeichnen sie: Brohm S. 52 ff.; Bartlsperger DVBl. 1967, S. 368.

[7] Das hängt z. B. davon ab, ob und inwieweit durch die Zwischenschaltung eines Ermessensspielraums eine (belastende) Rechtsfolge nicht sicher, sondern nur wahrscheinlich oder gar bloß möglich ist.

A. Der Gegenstand der Untersuchung

— auch unmittelbar einfach dadurch, daß er für seine Adressaten verbindlich Recht setzt und so — Rechtsfolgen festlegend — die Möglichkeiten sachlichen Handelns definiert.

Hier kommt es jedoch nicht auf den treffenden Begriff, sondern auf das mit ihm vorgestellte Rechtsschutzproblem an: daß nämlich manche Rechtssätze — tatsächlich durch einen Einzelakt nicht vermittelt — ihre Regelungswirkung entfalten, sich selbst vollziehen und dergestalt durch ihr bloßes, mit dem Anspruch auf Verbindlichkeit einhergehendes, regelndes Dasein in den Rechts- oder Interessenkreis eines Rechtssubjekts eindringen.

Sie finden sich in allen Bereichen und auf allen Rangstufen, nicht etwa nur unter den in § 47 VwGO angesprochenen verwaltungsrechtlichen Rechtsvorschriften im Range unter dem Gesetz. Zu ihnen sind zahlreiche Vorschriften des Steuerrechts zu zählen[8], die Vorschriften im Besonderen Teil des Strafrechts[9], alle Rechtssätze, die kategorisch befehlen[10], d. h. ge- oder verbieten[11].

Hier — im Rahmen einer verwaltungsprozeßrechtlichen Fragestellung — gilt das Interesse den Vorschriften des Verwaltungsrechts, an denen die Diskussion ohnehin nahezu ausschließlich orientiert ist[12]. Zu nennen sind vor allem kommunale Satzungen, insbesondere den Anschluß- und Benutzungszwang betreffend[13]; Verordnungen, etwa zur Regelung des Landschaftsschutzes oder zur Regelung des Verhaltens an bestimmten Orten[14]. Dazu gehören auch die Verkehrszeichen nach §§ 3, 4 StVO[15], wenngleich die durch sie aufgeworfenen Probleme nur noch von rechtsgeschichtlichem Interesse sein mögen[16].

---

[8] Vgl. Löwenberg S. 47; Bettermann AöR 86, S. 128 ff.
[9] Sie sind das deutlichste Beispiel; ihre Anwendung — etwa durch Verwaltungsakt — wäre widersinnig. Vgl. auch Bachof AöR 86, S. 186 (189).
[10] Dazu mit zahlreichen Nachweisen Volkmar S. 90 ff.
[11] Siehe auch die Aufzählung bei Maurer S. 278 unten.
[12] Auch Bettermann macht in AöR 86, S. 138 ff. insofern keine Ausnahme als es ihm nicht in erster Linie um ein verwaltungsprozessuales Problem, sondern um die Frage der Verfassungsbeschwerde nach §§ 90 ff. BVGG zu tun ist. Vgl. im übrigen die Nachweise im Verlaufe der Arbeit.
[13] Vgl. etwa BVerwG DöV 1965, S. 169 (Anschluß- und Benutzungszwang); OVG Münster OVGE 8, S. 45 (Getränkesteuerordnung).
[14] Vgl. Volkmar S. 183 f.
[15] Das durch sie aufgeworfene Problem ist am besten durch den Fall des Parkverbots auf dem Stuttgarter Schillerplatz illustriert. — Nach Abweisung eines Normenkontrollantrags gem. § 47 VwGO durch den baden-württembergischen VGH durch Beschluß vom 14. 6. 1961 — da die Nachprüfung an Bundesrecht durch § 47 S. 1 i. V. m. Art. 93 I 2 GG verwehrt sei — (AöR 86, S. 95 = ESVGH 11, S. 33) gab das VG Stuttgart durch Urteil vom 26. 5. 1964 (BB 1964, S. 140) einer Feststellungsklage statt; die von der Beklagten eingelegte Berufung wies der VGH Mannheim durch Urteil vom 3. 12. 1965 (DVBl. 1966, S. 408) ab. Beide Urteile gingen vom Rechtsnormcharakter des Parkverbots aus. Das BVerwG schließlich sah in der Revisionsinstanz (Urteil vom

Hervorzuheben ist schließlich der als Satzung erlassene Bebauungsplan[17]. Zwar wird er durch Einzelakte — etwa eine Baugenehmigung — angewendet und ist deshalb nicht im beschriebenen Sinne self-executing. Indes sind ihm in besonderem Maße Vollzugswirkungen[18] eigen, die — unabhängig von jedem Verwaltungsakt — zugleich mit seinem Inkrafttreten einsetzen und von einschneidender, vor allem wirtschaftlicher Bedeutung für die Betroffenen sein können[19]. Zudem ist er — wie alle Pläne — nicht auf gleichbleibende Geltung, sondern auf erfüllende Verwirklichung angelegt[20]. Die fortschreitende Verwirklichung aber präjudiziert das noch nicht Verwirklichte[21] und schließt in eben diesem Maße die Möglichkeit, Rechtsschutz zu erlangen — und nicht nur Schadensersatz[22] — aus.

B. Ortsbestimmung der Untersuchung

I. Das Normenkontrollverfahren nach § 47 VwGO

Ein bedeutender Teil von Rechtsprechung und Literatur[23] siedelt die aufgeworfene Rechtsschutzfrage im Bereich des verwaltungsgerichtlichen Normenkontrollverfahrens nach § 47 VwGO an. Der in mancher Hinsicht mißglückte Wortlaut[24] der Vorschrift leistet dem Vorschub: Die Regelung, nach der jeder natürlichen oder juristischen Person ein

---

9. 6. 1967, DVBl. 1967, S. 773) die Feststellungsklage für unzulässig an, da das Parkverbot ein Verwaltungsakt und folglich die Anfechtungsklage gegeben sei, zu der der Kläger auch in der Revisionsinstanz übergehen könne.

[16] Die Auseinandersetzung um die Rechtsnatur der Verkehrszeichen — Nachweise u.a. bei Volkmar S. 176 ff. — scheint zugunsten ihres Einzelaktscharakters entschieden. Vgl. BVerwG DVBl. 1967, S. 773.

[17] Vgl. § 10 BBauG; Nachweise bei Brohm, Rechtsschutz im Bauplanungsrecht, bes. S. 73 ff.

[18] Dazu Brohm, passim; Forsthoff DVBl. 1957, S. 113; Blümel DÖV 1959, S. 665. A. A. BVerwG, Urteil vom 10. 6. 1960, VerwRspr S. 14 ff.

[19] Etwa die Einstufung als Grünland oder als Baufläche; oder die durch den Bebauungsplan geschaffene Enteignungsmöglichkeit.

[20] Maurer S. 283, in Zitierung von K. Huber, Maßnahmegesetz und Rechtsgesetz, 1963, S. 91.

[21] Forsthoff DVBl. 1957, S. 113 f.; Maurer S. 282; Brohm S. 75.

[22] Dieses „Dulde und Liquidiere" (Otto Mayer: Deutsches VerwR I S. 53 Anm. 27, zit. nach Bachof, Vornahmeklage S. 16) entspräche der Rechtsschutzgarantie des Art. 19 Abs. 4 GG in der Tat nicht.

[23] Vgl. die Nachweise bei Wilken DVBl. 1969, S. 534 sowie Hans J. Wolff I, S. 279; III, S. 337; Bettermann AöR 86 (1961), S. 128 ff.; Schrödter BBauG § 10 Rz. 2 ff.; Heitzer-Österreicher BBauG § 8 Anm. 1 b sowie die folgenden Nachweise.

[24] Renck, baden-württembergisches VBl. 1964, S. 150 (152), spricht von einer „wenig überzeugenden Leistung" des Gesetzgebers; ähnliche Kritik üben: Menger/Erichsen VerwArch 58 (1967), S. 384; Bachof AöR 86 (1961), S. 186 ff.; Wilken DVBl. 1969, S. 531 ff.

B. Ortsbestimmung der Untersuchung

Antragsrecht zusteht, die durch die Rechtsvorschrift einen *Nachteil* schon „erlitten oder in absehbarer Zeit zu erwarten hat"[25], kann nur im Sinne einer Rechtsschutzfunktion des Verfahrens nach § 47 VwGO ausgelegt werden[26]. Aus dieser Doppelfunktion, die den Rechtsschutz nicht nur Sekundäreffekt, sondern mitbeabsichtigt sein läßt, auf eine abschließende Regelung des Rechtsschutzes gegen Normen zu schließen und somit alle anderen Rechtsschutzmöglichkeiten präjudiziert zu sehen, wäre jedoch verfehlt[27]. § 47 gehört in die Reihe jener prinzipalen Normenkontrollverfahren[28], die der objektiven Rechtsbeanstandung[29] und damit primär der Wahrung der Integrität der Rechtsordnung[30], nicht dem individuellen Rechtsschutz zu dienen bestimmt sind[31]. Zwar sind diese objektiven Verfahren — soweit sie eingreifen[32] — höchst wirksame

---

[25] Zum Begriff des Nachteils vgl. baden-württembergischer VGH baden-württembergisches VBl. 1967 S. 184 f.; VGH Kassel NJW 1967, S. 266; baden-württembergischer VGH ESVGH 17, S. 101 sowie Menger/Erichsen VerwArch 58 (1967), S. 385 mit Nachweisen zur Rechtsprechung.

[26] Es ist nicht einzusehen, wieso für ein *rein* objektives Verfahren ein Nachteil zur Antragsvoraussetzung gemacht werden sollte. Daß damit die Popularklage ausgeschlossen werden soll — so Renck baden-württembergisches VBl. 1964, S. 150 (151); Schoen in Jellinek-Gedächtnisschrift S. 407 (413) — kann schon deshalb nicht überzeugen, weil diese Kategorie auf ein objektives Beanstandungsverfahren nicht paßt.
Wie hier: Menger, in Die Grundrechte Bd. III/2, S. 717 (740) sowie die Nachweise bei Wilken DVBl. 1969, S. 534 Fußn. 24.
Indes ist es verfehlt, darin den Primärzweck zu sehen, wozu die h. M. neigt. Vgl. etwa Bachof NJW 1968, S. 1065 ff. Insofern ist Rencks Verweis auf das Antragsrecht der Behörden — vielleicht sogar der Gerichte, wie Eyermann DVBl. 1963, S. 401 meint — zutreffend (DÖV 1964, S. 1, 7).

[27] Dagegen auch deutlich Renck DÖV 1964, S. 1 ff.; ders. JuS 1966, S. 277 ff., allerdings von einem gegenteiligen Ausgangspunkt her, daß § 47 VwGO ein objektives Verfahren regele. Wie hier auch Maurer S. 293.

[28] Zur Terminologie: Ule AöR 82 (1957), S. 123, 129 Fußn. 2; Menger, System S. 86 und 95, zieht mit Recht die Begriffe „selbständige" bzw. „unselbständige" Normenkontrolle dem Begriffspaar „abstrakte"-„konkrete" Normenkontrolle vor: alle diese Begriffe bezeichnen prinzipale Verfahren, denen die inzidente Normenkontrolle gegenübersteht. Vgl. Renck JuS 1966, S. 273 Fußn. 1.

[29] Vgl. etwa Menger, in: Die Grundrechte Bd. III/2, S. 717 (729 ff., 733); Schoen, in: Jellinek-Gedächtnisschrift S. 407: „Verfahren zur Prüfung objektiven Rechts als Einrichtung der Rechtspflege"; Maurer S. 288 f. und 308; Wilken DVBl. 1969, S. 533 f. m. w. N.

[30] Menger a.a.O. S. 727 spricht von „Aufrechterhaltung der Geschlossenheit und Widerspruchslosigkeit" der Rechtsordnung. Vgl. noch Engelhardt JöR NF 8, S. 101 (121).

[31] Der hessische VGH DÖV 1964, S. 640 (641) spricht von einem Verfahren „ganz anderer Art", in das eine nach § 81 VwGO erhobene Klage nicht umgedeutet werden könne. Allgemein zur Frage von Rechtsschutz und objektiver Rechtsbeanstandung im Verwaltungsprozeß: Rupp AöR 88, S. 479 ff.; Meiss ZZP 67 (1954), S. 169 ff.; Niese JZ 1952, S. 353 ff. (bes. 358).

[32] Diese Einschränkung betrifft die Antragsmöglichkeit, den Gegenstandsbereich und die Modalitäten dieser Verfahren. Ein Verfahren nach Art. 93 Abs. 1 Nr. 2 GG etwa kann der Rechtsschutzsuchende gar nicht, eines

Rechtsschutzmittel[33], denn es ist — was den Rechtsschutz des einzelnen Staatsbürgers angeht — offenbar gleichgültig, ob eine rechtswidrige Norm allgemeinverbindlich beseitigt[34] oder ihre rechtsverletzenden Wirkungen nur für ihn aufgehoben werden[35]. Über die aufgeworfene Rechtsschutzfrage vermögen sie gleichwohl nichts zu entscheiden, da diese nicht Gegenstand ihrer Regelung ist[36].

---

nach Art. 100 GG nur mittelbar in Gang setzen. — Der Gegenstandsbereich des Verfahrens nach § 47 VwGO beschränkt sich auf landesrechtliche Rechtsvorschriften im Range unter dem Gesetz. — Es kennt darüber hinaus keine zwingende mündliche Verhandlung, nur eine Instanz und nach h. M. keine einstweilige Anordnung nach § 123 VwGO; vgl. zum letzten Punkt: Quaritsch Verw-Arch 51 (1960) S. 210 ff. und 342 ff.

[33] Daß damit nichts über den Verfahrenscharakter gesagt ist, übersieht Bachof NJW 1968, S. 1065 ff., wenn er meint, § 47 VwGO könne deshalb kein „reines Beanstandungsverfahren zur Durchsetzung der objektiven Rechtsordnung" sein, weil es vom BVerfG in E 11, S. 233 als Rechtsweg i. S. von Art. 19 Abs. 4 anerkannt worden sei. Es ist uninteressant, ob § 47 VwGO ein „reines" Beanstandungsverfahren ist oder nicht: verfahrensrechtlich bedeutsam ist lediglich, ob die Vorschrift den Rechtsschutz *abschließend* regelt.

[34] Nach Schweiger DÖV 1955, S. 360, „läßt sich aber die Ansicht vertreten, daß die abstrakte Normenkontrolle nach § 25 VGG keinen vollwertigen „Rechtsweg" gegenüber einer Rechtsverletzung durch die öffentliche Gewalt im Sinne von Art. 19 Abs. 4 GG darstelle, da sie dem Verletzten nur ein Vorgehen gegen die formelle, objektive Gültigkeit des angefochtenen Hoheitsakts ermögliche, nicht aber ein Vorgehen gegen den materiellen Rechtsgehalt gerade aus der Verletzung seiner subjektiven Rechte heraus". — Es ist zweifelhaft, ob der Verletzte diesen Unterschied überhaupt versteht.

[35] Dies verkennt Bettermann AöR 86 (1961), S. 129 ff. (157 f.), der, von Art. 19 Abs. 4 GG ausgehend, nach einem prinzipalen Normenkontrollverfahren sucht, um Rechtsschutz gegen Normen zu gewähren. Im Widerspruch zu seinem Ausgangspunkt schließt er sodann aus § 93 Abs. 2 BVGG, daß Art. 19 Abs. 4 GG auf Rechtsnormen unanwendbar sei (vgl. a.a.O. S. 171).

Auch Obermayer geht von der Notwendigkeit eines prinzipalen Verfahrens für den Rechtsschutz aus: DVBl. 1965, S. 625 (632), allerdings nicht zuletzt wohl auch deshalb, weil die Feststellungsklage nach § 43 VwGO „nur dann zulässig ist, wenn das Bestehen oder Nichtbestehen eines Rechtsverhältnisses streitig ist". Den Begriff des Rechtsverhältnisses hätte er indes zu untersuchen gehabt.

Dunkel ist auch die ablehnende Meinung von Lerche, in: Staatsbürger und Staatsgewalt Bd. 2 S. 59 ff. (82), wonach die Feststellungsklage in diesen Fällen „nicht der Weg der Art. 19 Abs. 4 S. 2 GG" ist. Richtig insoweit Renck DÖV 1964, S. 651 (657 f.).

[36] Nach Paulus, baden-württembergisches VBl. 1960, S. 101, dürfte es sogar unstreitig sein, „daß die Normenkontrolle kein Rechtsmittelersatz sein kann und darf".

Angesichts der Notwendigkeit, vom geltenden Verfahrensrecht auszugehen, kann der Erkenntniswert der Meinung von Bartlsperger in DVBl. 1967, S. 371 — mit der für die analoge Anwendbarkeit des § 47 VwGO auf den Rechtsschutz gegen Normen begründen will — dahingestellt bleiben, daß „bei einer materiellrechtlich so gleichmäßigen Koinzidenz von Rechtsetzung und Vollzugswirkung wie im Falle der Vollzugsnorm auch das gerichtliche Prüfungsverfahren in gleichem Maße Kontroll- und Rechtsschutzverfahren ist", und es deshalb „eine rechtslogische Verkennung der Vollzugsnormen darstellen (dürfte), wenn man ihre gerichtliche Überprüfung nicht einer prinzipalen Normenkontrolle, sondern einem Einzelaktverfahren anvertraut".

Dies gilt auch für das Verfahren nach § 47 VwGO. Schon die Geschichte seiner Auslegung verbietet, im Rechtsschutz seinen primären Einrichtungszweck zu sehen[37]. Hinter dem hartnäckigen Streit um die „abstrakte" oder „konkrete" Interpretation[38] steht unverkennbar das Problem des Rechtsschutzes gegen Normen[39]. Die sogenannte konkrete Auslegung[40] hat sich schließlich nur kraft der Einsicht durchgesetzt[41], daß der Bürger auch gegen rechtswidrige Normen gerichtlichen Schutzes und deshalb einer passenden Verfahrensart bedürfe[42]. Dergestalt ist die verwaltungsgerichtliche Normenkontrolle als Rechtsschutzverfahren erst langsam entdeckt worden.

Nicht die üblichen Kriterien der Gesetzesauslegung[43] haben zu diesem Ergebnis geführt; vor allem vermag der Wortlaut — namentlich die erwähnte Antragsregelung, die z. B. auch Behörden ein Antragsrecht[44] gibt — die Interpretation des § 47 VwGO als eines Rechtsschutzverfahrens nicht zu tragen. Er gibt einer gegenteiligen, nämlich primär abstrakten Auslegung zumindest ebensoviel Raum. Im Grunde kann sich deshalb die ganze Rechtsschutzargumentation der herrschenden (konkreten) Auslegung nur auf die Rechtsschutzgarantie des Art. 19 Abs. 4 GG stützen[45]. Dieser Bezug ist jedoch nur gerechtfertigt, wenn auch der

---

[37] Dazu neigt die h. M., vgl. die Nachweise bei Renck NJW 1965, S. 1792.
[38] Aus den zahlreichen Abhandlungen zu dem Thema vgl. bes. R. Wilken: Der Prüfungsmaßstab im verwaltungsgerichtlichen Normenkontrollverfahren, Kieler jur. Diss., Bamberg 1967; K. Wolfram: Die verwaltungsgerichtliche Normenkontrolle nach § 47 VwGO, Kölner jur. Diss., München 1967; Renck JuS 1966, S. 273; ders. DÖV 1964, S. 1; Bachof DÖV 1964, S. 9; Herzog BayVBl. 1961, S. 368; zur Unterscheidung der Standpunkte in Auseinandersetzung mit der Rechtsprechung Menger/Erichsen VerwArch 58 (1967), S. 379 ff.
[39] Deutlich ist dies etwa bei Friesenhahn, in: Verfassungsgerichtsbarkeit in der Gegenwart S. 146 f. Fußn. 190 a, wo er — gegen baden-württembergischen VGH Urteil vom 14. 6. 1961 (baden-württembergisches VBl. 1961, S. 123) gewendet — schreibt: „Der Verwaltungsgerichtshof übersieht meines Erachtens, daß § 47 VwGO ein vom Rechtsschutzbedürfnis abhängiges Individualrecht auf Normenkontrolle einräumt..." Vgl. auch Obermayer DVBl. 1965, S. 625 (626 ff.); Renck DÖV 1964, S. 1 ff. m. N.; sowie hessischer VGH ESVGH 17, S. 111 und NJW 1967, S. 266.
[40] Die in sich nicht einheitlich ist, was von der differierenden Verhältnisbestimmung zu Art. 93 Abs. 1 Nr. 2 GG und §§ 90 ff. BVGG im Zusammenhang mit der verfassungsgerichtlichen Vorbehaltsklausel des § 47 VwGO abhängt.
[41] Nachweise bei Obermayer DVBl. 1965, S. 625 (628 Fußn. 39); Wilken DVBl. 1969, S. 532 ff.; Menger/Erichsen VerwArch 58 (1967), S. 379 (381); bes. für die durch den Bebauungsplan aufgeworfenen Probleme: Obermayer VVDStRL 18, S. 144 (164 und 174). Vgl. dazu Brohm, Rechtsschutz im Bauplanungsrecht 1959, S. 61.
[42] Vgl. Bartlsperger DVBl. 1967, S. 360 (361), wonach das Rechtsschutzargument die Gerichte zur konkreten Betrachtungsweise geführt hat.
[43] Dazu Larenz, Methodenlehre der Rechtswissenschaft, S. 233 ff. und 273 ff.
[44] Darauf weist auch Renck hin, DÖV 1964, S. 1 (7); dazu kritisch Wilken DVBl. 1969, S. 532 (534).
[45] Wie es auch geschieht: vgl. Obermayer DVBl. 1965 S. 625 (626 ff.); Bartlsperger DVBl. 1967, S. 360 ff.; richtiger Bachof, in: Festschrift für Laforet

Erlaß von Rechtsnormen unter die Ausübung öffentlicher Gewalt i. S. d. Grundgesetzartikels fällt[46]. Fällt er darunter, so muß aber jede Präklusionswirkung des § 47 VwGO bezüglich des Rechtsschutzes gegen Normen aus verfassungsrechtlichen Gründen ausgeschlossen sein, soweit das verwaltungsgerichtliche Normenkontrollverfahren verfassungsmäßigen Rechtsschutz nicht zu leisten vermag. Dies vermag es schon deshalb nicht, weil es nicht in allen Ländern der Bundesrepublik Deutschland eingeführt ist[47]. Dies führt zu dem zwingenden Schluß, daß keine der umstrittenen Auslegungen des Verfahrens nach § 47 VwGO die Frage des Rechtsschutzes gegen Normen in irgendeiner Form zu präjudizieren vermag; primär als Rechtsschutzverfahren kann es nur mit der Konsequenz interpretiert werden, daß es den Rechtsschutz gegen Normen nicht abschließend regelt, handelt es sich hingegen um ein objektives Beanstandungsverfahren, so gehört der Rechtsschutz nicht zu seinem Regelungsbereich[48].

S. 285 (316 bes. Fußnote 80), der § 47 VwGO nicht gegen seinen Wortlaut einseitig auslegen, sondern den damaligen Entwurfsvorschlag ausgedehnt sehen wollte.

[46] An dieser Konsequenz vermögen vage Formulierungen wie die „Rechtsschutzfreundlichkeit" unserer Rechtsordnung nicht vorbeizutäuschen.

[47] Sondern nur in den Ländern Baden-Württemberg, Bayern, Bremen, Hessen und Schleswig-Holstein. Vgl. Hans J. Wolff VerwR III 1966, S. 337, § 165 I a.

[48] Dem Beschluß des BVerwG vom 27. 11. 1964 (DÖV 1965, S. 169) ist damit der Boden entzogen. Wenn dort ausgeführt wird, daß Art. 19 Abs. 4 GG nicht das prinzipale Normenkontrollverfahren, sondern Rechtsschutz garantiere, dann bleibt die Folgerung unverständlich, daß Rechtsschutz nicht gewährt werden könne, weil eine prinzipale Normenkontrolle — da vom Landesgesetzgeber nicht eingeführt — unzulässig sei. — Dabei ist davon auszugehen, daß der Senat erkannt hat, daß die Kläger *Rechtsschutz* wollten und nicht die — allerdings dem prinzipalen Normenkontrollverfahren vorbehaltene — Feststellung der Nichtigkeit der Ortssatzung. Es wäre auf den richtigen Antrag hinzuwirken gewesen.
Im Rahmen der Diskussion um den Rechtsschutz gegen Verkehrszeichen kommt Sasse (DÖV 1962, S. 321 ff.) zu einem ähnlichen Schluß wie das BVerwG: der Rechtsschutz gegen Normen sei nur in den Schranken des § 47 VwGO möglich, und „die unerfreulichen Auswirkungen dieser mißratenen Vorschrift auf das Rechtsschutzsystem" (S. 328) seien in Kauf zu nehmen.
Der Schluß von der Unzulässigkeit des Normenkontrollverfahrens auf die Unzulässigkeit der Feststellungsklage ist ungerechtfertigt, weil er den Rechtsschutz durch § 47 VwGO abschließend geregelt sieht; ihn ziehen nach dem erwähnten Beschluß des BVerwG u. a. auch das OVG Koblenz NJW 1965, S. 2170; OVG Berlin DÖV 1953, S. 152. Die Hilfsbegründung, daß „im übrigen" ein Rechtsverhältnis nicht bestehe, vermag nicht zu überzeugen. Erstens ist nicht das Bestehen, sondern die Behauptung des Bestehens eines Rechtsverhältnisses Voraussetzung der Zulässigkeit einer Feststellungsklage, zum anderen bleibt der Begriff des Rechtsverhältnisses undefiniert. — In diesem Sinne unzutreffend auch bezüglich des Rechtsschutzes gegen Bebauungspläne: Zinkahn/Bielenberg § 10 Rz. 5—7.
Bemerkenswert ist in diesem Zusammenhang der von Bettermann AöR 86, S. 128 (144) angeführte Fall des BVerfG („Erftverbandsmitgliedschaft"). Die Verfassungsbeschwerde wurde zugelassen, weil unsicher sei, ob die Fest-

B. Ortsbestimmung der Untersuchung

II. Die Rechtsschutzgarantie des Art. 19 Abs. 4 GG

1. Art. 19 Abs. 4 und die verfassungskonforme Auslegung des § 47 des VwGO

Ebensowenig kann die Untersuchung vom Verfassungsgebot des Art. 19 Abs. 4 GG ausgehen.

Das ist offenbar für alle jene Lösungsversuche[49], die — mit der zutreffenden Einsicht in die Reichweite der grundgesetzlichen Rechtsschutzgarantie gewappnet — sich rückwendend sogleich wieder in die isolierte Untersuchung des verwaltungsgerichtlichen Normenkontrollverfahrens verlieren und es unternehmen, § 47 VwGO nun verfassungskonform auszulegen. Da das Verfahren nach § 47 VwGO den Rechtsschutz gegen rechtswidrige Normen nicht — jedenfalls nicht abschließend — regelt, ihn folglich auch nicht präjudizieren kann, sind alle Vorschläge, die Vorschrift verfassungskonform auszulegen, sie analog anzuwenden, zu erweitern[50] oder einzuschränken[51], fehl am Platz[52]. Sie können weder im Rechtsschutzgebot des Art. 19 Abs. 4 GG noch im Gleichheitsgebot des Art. 3 GG[53] — als Gebot der Rechtsschutzgleichheit — eine Rechtfertigung finden[54]. Vor allem können diese Vorschläge durchweg nicht einmal über die verschlungenen Pfade einer außerordentlich gewagten Gesetzesinterpretation mit den juristischen Auslegungsgrundsätzen in Einklang gebracht werden[55]. Nach dem insoweit

---

stellungsklage vom OVG NRW als verkappter Normenkontrollantrag zurückgewiesen würde!

Klaus Wolfram stimmt in seiner Dissertation S. 48 der Entscheidung des BVerwG DÖV 1965, S. 169 ausdrücklich zu. Nach Kreutziger, S. 112 seiner Dissertation, soll für die Zulässigkeit der Feststellungsklage die — wie zu erforschende? — Willensrichtung des Klägers entscheidend sein: ob er sich nämlich ausschließlich gegen die Gültigkeit der Norm wendet oder nicht.

[49] Nachweise bei Maurer S. 294 Fußn. 70.
[50] In besonders radikaler Form finden sich derartige Vorschläge bei Stern JuS 1968, S. 68; auch bei Obermayer DVBl. 1965, S. 625 ff. und VVDStRL 18, S. 144ff. (bes. S. 163 f. sowie S. 163 Fußn. 68); Bartlsperger DVBl. 1967, S. 360 ff., Hoffmann JZ 1964, S. 702 (706).
[51] Im Ergebnis so Bettermann AöR 86 (1961), S. 128 ff. (171).
[52] Falsch ist es aber auch, unter Ablehnung dieser Auslegungsversuche jede Rechtsschutzmöglichkeit gegen Normen außerhalb des Verfahrens nach § 47 VwGO zu verneinen, da man den dem Landesgesetzgeber eingeräumten „freien Bewegungsraum nicht interpretativ abschnüren" dürfe, so Lerche, in Staatsbürger und Staatsgewalt II S. 59 (81 f.). Die Aussage ist sinnlos, da sich der „Bewegraum" nur durch Interpretation ermitteln läßt.
[53] Unter diesem Gesichtspunkt meldet Menger (in: Die Grundrechte Bd. III/2 S. 717, 739 ff.) Bedenken an. Vgl. auch Bartlsperger DVBl. 1967, S. 360 (372). Blümel DÖV 1965, S. 297 bezweifelt die Vereinbarkeit des § 47 VwGO mit Art. 3 GG für den Fall, daß eine Inzidentkontrolle von Normen — namentlich Bebauungsplänen — nicht möglich sein sollte. Ob sie möglich ist, untersucht er (leider) nicht.
[54] Wie hier: Wilken DVBl. 1969, S. 532 (536).
[55] Eine Auslegung gegen den Gesetzeswortlaut kann nur Platz greifen, wenn ein sinnvolles Verständnis der Vorschrift anders nicht möglich ist. Davon kann hier keine Rede sein. Vgl. Menger/Erichsen VerwArch 58 (1967),

eindeutigen Wortlaut des Gesetzes umfaßt der Bereich der möglichen Gegenstandsnormen weder bundesgesetzliches Untergesetzesrecht noch formelle Gesetze[56]. Auch ist das Verfahren nach § 47 VwGO nicht in den Bundesländern unmittelbar wirksam, deren Gesetzgeber es nicht eingeführt haben[57]. Einer analogen Anwendung schließlich gibt nur eine gesetzliche Regelungslücke Raum; dabei ist — was übersehen wird — die Identität von gesetzlicher und auf den nicht geregelten Fall angewendeter Rechtsfolge wesentlich.

2. Art. 19 Abs. 4 und verfahrensindifferente Lösungsversuche

Unbefriedigend sind indes auch jene Lösungsversuche, die das Problem des Rechtsschutzes gegen Normen in die verfassungskräftige Rechtsschutzgarantie des Art. 19 Abs. 4 GG projizieren[58], aber — wohl aus dem beruhigenden Bewußtsein, daß Rechtsschutz ja so oder so möglich sein müsse — verfahrensrechtlich indifferent sind. Der bloße Hinweis, daß nach Art. 19 Abs. 4 GG i. V. m. der Generalklausel des § 40 VwGO für den Streit um die Rechtsverletzung durch eine Norm der Rechtsweg zu den Verwaltungsgerichten eröffnet sein müsse[59], reicht zur Lösung des Problems nicht aus[60]. Die verfassungsrechtliche Erkenntnis, daß Rechtsschutz gewährt werden muß, gibt noch keine Antwort, *wie* Rechtsschutz verfahrensrechtlich zu gewähren sei[61]. Dessentwegen kann nur die einschlägige gesetzliche Regelung befragt werden; die Antwort ist gegebenenfalls verfassungsrechtlich zu überprüfen[62]. Ohne eine derartige Analyse auf nicht näher begründete Mög-

---

S. 80, in Auseinandersetzung mit dem Urteil des BVerwG vom 30. 1. 1966 (Az. I C 24.63 — DÖV 1966, S. 427), das soweit gehe, „daß auch der *eindeutige* Wortlaut stets nachrangig" sei. Eine dergestalt am individuellen Gutdünken ausgerichtete Gesetzesauslegung ist zu vermeiden.

[56] So aber Stern JuS 1963, S. 68; richtig Menger, in: Die Grundrechte Bd. III/2, S. 738 f., der keinen Raum für eine Analogie sieht.

[57] So aber z. B. Bartlsperger DVBl. 1967, S. 360 (372), der zutreffend von „Uminterpretation" spricht; Stern JuS 1963, .S 68; Obermayer DVBl. 1965, S. 631 ff. Dagegen Renck JuS 1966, S. 273; indes liegt — anders als er annimmt — der Mangel dieser Interpretation nicht darin, daß sich dann „Rechtsschutz und objektive Rechtsbeanstandung nicht mehr unterscheiden" ließen, sondern einfach darin, daß sie falsch ist.

[58] Vgl. etwa die gesamte Diskussion in VVDStRL 18, bes. S. 163 ff. und 208 ff.

[59] Bachof VVDStRL 18, S. 209 und AöR 86, S. 186 ff.; Maurer S. 280 ff.

[60] Das Problem durch eine Verweisung auf Art. 19 Abs. 4 S. 2 GG zu umgehen bzw. ins Zivilprozeßrecht zu verschieben, verbietet die Interdependenz von Art. 19 Abs. 4 S. 1 GG und § 40 VwGO, die Art. 19 Abs. 4 S. 2 GG leerlaufen lassen. Wie hier auch Obermayer DVBl. 1965, S. 625 (632) im Anschluß an Bachof, Vornahmeklage S. 16 f. A. A. wohl Lerche, in: Staatsbürger und Staatsgewalt II S. 59 (82) und Stern JuS 1963, S. 68 für den Fall, daß seiner „verfassungskonformen" Auslegung des § 47 VwGO nicht gefolgt wird.

[61] Richtig Renck DÖV 1964, S. 1 ff.

[62] Bachof AöR 86, .S 192 „Sicher sollte... der Rückgriff auf Art. 19 Abs. 4

lichkeiten zu verweisen, die etwa in der Feststellungsklage liegen sollen[63] oder auf die — vom Gesetzgeber auch intendierte[64] Zulässigkeit von Klagen eigener Art[65], ist methodisch nicht zu vertreten und im Ergebnis falsch.

III. Kritik und eigene Ortsbestimmung

1. Das Verfahrenssystem der VwGO

Das Verfahrenssystem der Verwaltungsgerichtsordnung ist in seiner eigengewichtigen Struktur ernst zu nehmen[66]. Jede Untersuchung, die nicht bei ihm ansetzt, läuft Gefahr, es aus den Angeln zu heben. Die normierte Verfahrensordnung würde verdunkelt und der Rechtsschutz, dem sie Berechenbarkeit geben soll, Zufall.

Zumal für Klagen eigener Art ist insoweit kein Platz, als sie dem System der positiv normierten Verfahrensarten entgegenstehen[67].

... nur der letzte Ausweg sein, wenn andere ausreichende Rechtschutzformen fehlen."

[63] Ein Versuch, die wesentliche Voraussetzung der Feststellungsklage nach § 43 VwGO — das zu behauptende *Rechtsverhältnis* — zu definieren, wird nicht unternommen; vielmehr wird ohne eine solche Begriffsbestimmung der Begriff „analog" angewendet (Stern JuS 1963, S. 68), auf die „bloße Rechtslage" erweitert (R. Naumann, Verh. des 38. Deutschen Juristentages, D 18 ff.; D 35); „man sollte (an ihm) nicht so engherzig... herumdeuteln" (R. Naumann VVDStRL 11, S. 13 ff. 135 f.), sondern ihn „weitherzig" auslegen (Bachof JZ 1962, S. 701, 707 in einer Besprechung von BVerwGE 4, S. 363; vgl. ders. JZ 1957, S. 431 ff., 436) oder schließlich „das rechte Maß zwischen zu weiter und zu enger Auffassung des „Rechtsverhältnisses" i. S. der VwGO" suchen (Ruckdäschel DÖV 1961, S. 675, 679).
Indes sind sowohl die „großzügige Erweiterung" des Bereichs der Feststellungsklage (so Bachof AöR 86, S. 189; vgl. R. Naumann DVBl. 1951, S. 140 f. und Jellinek-Gedächtnisschrift S. 391 ff.; auch Fenge DÖV 1956, S. 392 ff.) wie auch die „Bedenken", die „gegen eine großzügige Ausweitung des Anwendungsbereichs der Feststellungskage... anzumelden" sind (H. Hegel DÖV 1965 S. 413, 416) beliebige Rede, solange sie an einer Definition und damit einem Maßstab für „Ausweitung" oder „Einschränkung" gebricht. Vgl. noch VGH Mannheim DVBl. 1966, S. 408 f. und ESVGH 10, S. 138 sowie ESVGH 11, S. 32 (35); Bachof VVDStRL 18, S. 211; Baur SJZ 1946, S. 149 und — für das Bauplanungsrecht — Schütz-Frohberg § 8 Anm. 1; Schrödter § 10 Rz. 8 und 9; Sellmann DÖV 1967, S. 219. Unter diese Kritik fällt auch Renck DÖV 1964, S. 651 (655), der ohne weitere Begründung ein Rechtsverhältnis i. S. d. § 43 VwGO zwischen Normerlasser und Normadressaten (Bürger) annimmt; vgl. ders. JuS 1966, S. 273 (278).

[64] Vgl. aus den Gesetzesmaterialien den Bericht des Rechtsausschusses 3. WP BT-Drucks. 1094, S. 5; Menger VerwArch 58 (1967), S. 378; s. a. BVerfG Beschluß vom 17. 1. 1967 NJW 1967, S. 1019.

[65] Maurer S. 305 ff. (Nachw. S. 305 Fußn. 100); R. Wilken DVBl. 1969, S. 332 (335 f.).

[66] Menger VerwArch 58 (1967), S. 79; Renck JuS 1965, S. 129 (131); ders. JuS 1966, S. 275.

[67] Gegen die Gefahr, mittels Klagen eigener Art das Klagensystem der VwGO zu unterlaufen: Menger VerwArch 58 (1967), S. 378; vgl. auch Lerche, in Staatsbürger und Staatsgewalt II S. 59 (74).

Ebenso verkennt die rechtstaatliche Bedeutung einer in ihren Möglichkeiten genau ausgeloteten Verfahrensordnung, wer die Feststellungsklage zum handlichen Mittel prozessualer Bedarfsdeckung denaturiert, indem er — ohne ihre Voraussetzungen genau geprüft zu haben — den Rechtsschutz gegen Normen durch sie gewährleistet sieht.

2. Insbesondere: Die Feststellungsklage nach § 43 VwGO

Das Problem des Rechtsschutzes gegen Normen ist also zutreffend im System der verwaltungsgerichtlichen Verfahren selbst anzusiedeln. Dabei konzentriert sich die folgende Untersuchung auf die Frage, ob die verwaltungsgerichtliche Feststellungsklage nach § 43 VwGO diesen Rechtsschutz zu leisten vermag. Ein Blick auf die anderen Klagearten rechtfertigt diese Eingrenzung des Untersuchungsgegenstandes[68].

Die Anfechtungsklagen im weiteren Sinne[69] setzen voraus, daß sich der Kläger gegen einen Verwaltungsakt wehrt oder aber einen solchen erstrebt. Im Rahmen dieser Klagen kann unstreitig die Rechtmäßigkeit einer Norm geprüft werden. Ist ein belastender Verwaltungsakt — weil auf einer rechtswidrigen Norm beruhend — selbst rechtswidrig, so kann mittels der Anfechtungsklage nach § 42 VwGO seine Aufhebung[70] und damit zugleich Rechtsschutz gegen die rechtswidrige Ermächtigungsnorm erreicht werden. Wird ein begünstigender Verwaltungsakt angestrebt, so hat das erkennende Gericht, wenn etwa die zu diesem Verwaltungsakt ermächtigende Norm gegen Art. 3 GG verstößt, diese Norm im Maße ihres Verstoßes nicht anzuwenden und auf das von der Fehlerhaftigkeit dieser Norm unbeeinträchtigte Recht des Antragsstellers zu erkennen[71] oder ein Bescheidungsurteil zu erlassen[72].

Gegen jene Normen, die self-executing sind, vermögen die Anfechtungsklagen — weil dem Verwaltungsakt zugeordnet — keinen Rechtsschutz zu gewähren. Eine Norm ist per definitionem kein Verwaltungsakt i. S. d. § 42 VwGO und kann folglich nicht nach dieser Vorschrift angefochten werden.

Die Verweisung auf die Anfechtbarkeit des Sanktionsaktes, der einen Normenverstoß ahndet, löst die Frage nicht, sondern umgeht sie[73]. Ent-

---

[68] Vgl. Renck JuS 1966, S. 273 (277): „daß ... ein Leistungs- oder Gestaltungsverfahren nicht zu Gebote steht, ist mangels entsprechender Leistungs- oder Gestaltungsansprüche offenbar"; vgl. ders. DÖV 1964, S. 651 ff.
[69] Zur Terminologie: Menger, System S. 97 in Anlehnung an Bachof, Vornahmeklage S. 7—9.
[70] § 113 Abs. 1 S. 1 VwGO.
[71] § 113 Abs. 4 S. 1 VwGO.
[72] § 113 Abs. 4 S. 2 VwGO.
[73] Das übersieht BVerwG DÖV 1965, S. 169, wenn es auf inzidente Normenkontrollmöglichkeiten verweist und dabei die Feststellungsklage *nicht* im Auge hat.

B. Ortsbestimmung der Untersuchung

weder erfolgt eine Nachprüfung im Strafverfahren: dann handelt es sich allemal um kein verwaltungsprozessuales Problem mehr[74]; oder aber vor dem Verwaltungsgericht: nur wäre die Frage nicht, wie unmittelbar und jederzeit, unabhängig vom Erlaß weiterer Rechtsakte, Rechtsschutz gegen die Norm erlangt werden kann. Diese hätte ihre rechtsbeeinträchtigende Wirkung schon in einem fortgeschrittenen Stadium ausgeübt[75]. Geht der Normverstoß etwa mit erheblichen finanziellen Investitionen einher, oder erzwingt er andere beträchtliche Risiken, so zeigt sich, daß dieser Weg kaum tauglich ist[76].

Allerdings ist es eine völlig andere Frage, ob er dem Gebot des Art. 19 Abs. 4 GG genügen würde. Sie ist — wie dargelegt — gegenüber dem Aufweis der gegebenen Verfahrensmöglichkeiten sekundär.

Mittels der Leistungsklage[77] könnte nur ein Anspruch auf Beseitigung der Norm geltend gemacht werden; die Beseitigung nur ihrer rechtsbeeinträchtigenden Wirkungen zu verlangen, ist schon begrifflich ausgeschlossen. Die Kassierung einer Norm auf dem Wege über die Leistungsklage — schon deshalb ein aussichtsloses Klageziel, weil nach h. M. die rechtswidrige Norm nichtig ist[78] — dürfte aber mit § 47 VwGO nicht zu vereinbaren sein[79]: die verwaltungsgerichtliche prinzipale „Normenkassation" ist dort abschließend geregelt[80].

Eine Klage auf Unterlassung des Normerlasses wäre unzulässig; auf Unterlassung des Normvollzugs gerichtet, wäre sie nichts anderes als eine sogenannte vorbeugende Unterlassungsklage gegen einen zukünftigen Verwaltungsakt. Ihre Zulässigkeit wird überwiegend verneint[81].

---

[74] Hinzu kommt die rechtspolitische Unerwünschtheit eines verfahrensrechtlich erzwungenen Ungehorsams gegen eine möglicherweise rechtmäßige Norm; vgl. Hans J. Wolff VerwR III S. 336, § 165 I a; Menger, in: Die Grundrechte III/2, S. 739.

[75] Obermayer vergleicht sie mit der prozessualen Lage beim Verwaltungsakt und dem auf seine Nichtbefolgung ergehenden Sanktionsakt, DVBl. 1965, S. 625 (628).

[76] Vgl. OVG Münster Beschluß vom 30. 9. 1966 (DÖV 1967, S. 99), wo es — mit Verweis auf BVerwG MDR 1957, S. 503 und baden-württembergischen VGH DVBl. 1966, S. 408 — heißt: „Es ist in der Rspr. nunmehr anerkannt, daß es dem Staatsbürger nicht zugemutet werden kann, zunächst Ordnungsverfügungen und Strafanzeigen gegen sich ergehen zu lassen, um dann im Bußgeldverfahren oder im Strafverfahren die strittigen Rechtsfragen klären zu lassen."

[77] Vgl. § 43 Abs. 2 VwGO; desweiteren erwähnt in den §§ 111, 113 Abs. 3, 169 Abs. 2, 170, 191 Abs. 1 VwGO; vgl. Hans J. Wolff VerwR III S. 397, § 172 II.

[78] Vgl. dazu Christoph Böckenförde, Die sogenannte Nichtigkeit verfassungswidriger Gesetze, passim.

[79] Ebenso Menger/Erichsen VerwArch 56 (1965), S. 385 m. w. N.; Sasse DÖV 1962, S .321 (328 f.).

[80] Renck DÖV 1964, S. 651 (652).

[81] Vgl. Hans J. Wolff VerwR III S. 398, § 172 II b.

Für die vorliegende Untersuchung vermag sie nichts zu erbringen, da sie gerade vom Rechtsschutz gegen Normen handelt, die des vollziehenden Verwaltungsakts nicht bedürfen. Würde sie sich gegen einen zukünftigen Sanktionsakt richten, so ergäben sich ähnliche Probleme wie bei der entsprechenden Anfechtungsklage.

Jedenfalls erscheint der Weg, den andere Klagearten möglicherweise eröffnen, außerordentlich problematisch. Sie bieten keinen erfolgversprechenden Ansatzpunkt für eine Lösung[82].

---

[82] Ebenso Renck DÖV 1964, S. 651 (653 ff.).

Zweites Kapitel

Rechtsschutz gegen
Normen durch die Feststellungsklage

A. Rechtsschutz durch prinzipale und inzidente Normenkontrolle

Gegenstand der Feststellungsklage nach § 43 VwGO kann nicht die Rechtmäßigkeit oder Rechtswidrigkeit einer Norm sein. Die Meinung, eine Norm sei ein Rechtsverhältnis, mit der Behauptung ihres rechtlichen Nichtbestehens werde also das Nichtbestehen eines Rechtsverhältnisses behauptet, ist nicht vertretbar[1]. Gleichwohl scheint die Diskussion um den Rechtsschutz gegen Normen an diesem Mißverständnis zu leiden[2]; es ist auszuräumen. Rechtsschutz erfordert lediglich die Abwehr rechtsbeeinträchtigender Wirkungen von einem bestimmten Rechtssubjekt. Dazu genügt die inzidente gerichtliche Entscheidung über die Rechtmäßigkeit einer Norm, während prinzipal über das — davon abhängige — Bestehen oder Nichtbestehen eines Rechtsverhältnisses befunden wird[3]. Was darüber hinausgeht, etwa die Allgemeinverbindlichkeit der Entscheidung, ist überschüssige Wirkung. Die Frage nämlich, ob auch das — ja nicht vollstreckbare — Feststellungsurteil wirksamen Rechtsschutz gewähren könne, ist längst — und zu Recht — bejaht[4].

---

[1] Das allerdings unterstellt das BVerwG in DÖV 1965, S. 169.

[2] Vgl. etwa OVG Münster DVBl. 1968, S. 529; BVerwGE 3, S. 265. Richtig Renck DÖV 1964, S. 651 (653), der klarstellt, daß eine Feststellungsklage nicht deshalb als unzulässig abgewiesen werden darf, weil eine Norm kein Rechtsverhältnis sei.

[3] Schon im Jahre 1951 ist dies zutreffend gesehen vom LVG Hannover, Urteil vom 9. 8. 1951, MDR 1953, S. 126; vgl. dazu Lorenz Diss. S. 183 Fußn. 3. Richtig auch BVerwGE 7, S. 30 (36); Fuß DÖV 1964, S. 522 f.

[4] Die von Maurer S. 302 f. dagegen vorgetragenen Bedenken treffen seinen Vorschlag einer „Klage eigener Art" (ebd. S. 308 ff.) genauso; hinzu kommt für ihn indes die (unüberwindliche) Schwierigkeit, seinen Vorschlag mit § 47 VwGO zu vereinbaren. Insoweit konsequent nimmt er a. a. O. auf S. 11 seinen Vorschlag auch in eine gewisse Unverbindlichkeit zurück bezüglich der vorgeschlagenen Rechtskraftwirkung inter omnes, die mit § 121 VwGO nicht zu vereinbaren wäre.

2. Kap.: Rechtsschutz gegen Normen durch die Feststellungsklage

Rechtsschutz gegen normatives Unrecht ist darum schon dann mittels der verwaltungsgerichtlichen Feststellungsklage zu erlangen, wenn durch sie eine inzidente Normenkontrolle erreichbar und erzwingbar ist[5].

B. Die inzidente Normenkontrolle durch Feststellungsklage

I. Die Voraussetzungen ihrer Zulässigkeit

Nach der in § 43 Abs. 1 VwGO getroffenen Regelung ist eine verwaltungsgerichtliche Feststellungsklage zulässig, wenn das Bestehen oder Nichtbestehen eines Rechtsverhältnisses behauptet sowie ein berechtigtes Interesse an seiner baldigen Feststellung dargetan wird.

Die durch die Feststellungsklage eröffneten Rechtsschutzmöglichkeiten lassen sich nicht vom Rechtsschutzbedürfnis her erfassen[6]. Ungeachtet seiner besonderen Formulierung in § 43 Abs. 1 VwGO[7] ist es Zulässigkeitsvoraussetzung jeder Klage, nicht ihr unterscheidendes Moment. Die im Rahmen eines Klagensystems notwendige Abgrenzungsfunktion erfüllt für eine bestimmte Klageart ihr materiellrechtlicher Anknüpfungspunkt. So ist bei den Anfechtungsklagen zu prüfen, ob ein Verwaltungsakt angegriffen bzw. erstrebt wird; im Normenkontrollverfahren muß auf Feststellung der Ungültigkeit einer Norm angetragen werden; bei der allgemeinen Leistungsklage ist ein Anspruch geltend zu machen. Entsprechend ist bei der Feststellungsklage zu untersuchen, ob das Bestehen oder Nichtbestehen eines Rechtsverhältnisses behauptet wird oder nicht.

1. Der Begriff des Rechtsverhältnisses i. S. d. § 43 Abs. 1 VwGO

Da Unterscheidung nur durch Begriffe möglich ist, lassen sich die in der Feststellungsklage liegenden Rechtsschutzmöglichkeiten zutreffend nur erfassen, wenn herausgefunden ist, was § 43 Abs. 1 VwGO mit dem Begriff „Rechtsverhältnis" meint.

---

[5] Im Hinblick auf das Thema dieser Untersuchung sowie angesichts der Tatsache, daß die Diskussion um den Rechtsschutz gegen Normen fast völlig auf die prinzipale Normenkontrolle fixiert ist, sei an dieser Stelle klargestellt, daß Normenkontrolle Normenkontrolle bleibt, auch wenn sie inzident erfolgt. Vgl. Menger, System S. 95.
[6] Renck NJW 1965, S. 1791 (1792) kritisiert, daß „die Feststellungsklage vorwiegend unter dem prozeßpragmatischen Gesichtspunkt des Rechtsschutzinteresses" behandelt würde. Es könne „die Dogmatik der Feststellungsklage ... nur gefördert werden, wenn nicht nur das Rechtsschutzbedürfnis gesehen wird".
[7] Dazu ausführlich Bergmann VerwArch 49 (1958), S. 333.

B. Die inzidente Normenkontrolle durch Feststellungsklage

a) Der allgemeine Begriff des Rechtsverhältnisses

Die Schwierigkeiten des Begriffs, der in verschiedensten gesetzlichen Zusammenhängen erscheint[8], liegen in seiner nirgends definierten Weite[9]. Eine philologische Analyse vermag ihm ebensowenig eine ausreichend scharfe Umgrenzung zu geben wie der Versuch, ihn rechtstheoretisch zu erfassen[10]. Ordnet nämlich das Recht das Zusammenleben durch die Festlegung des Könnens und Müssens[11], so treten die durch es angesprochenen berechtigten oder verpflichteten Subjekte in eine Vielzahl von Beziehungen zueinander[12], die nicht anders denn Rechtsverhältnisse zu nennen sind[13]. Darunter ließe sich indes das sogenannte allgemeine Gewaltverhältnis ebenso begreifen[14] wie etwa die Wirksamkeit eines Verwaltungsakts als „Abbreviatur" eines Rechtsverhältnisses[15].

Der Mühe einer genauen Eingrenzung des Begriffs enthebt auch § 43 Abs. 2 VwGO nicht. Der Wortlaut der Vorschrift läßt offen, ob bei Vorliegen ihrer Voraussetzungen ein Rechtsverhältnis nicht mehr behauptet werden kann oder nur das Rechtsschutzbedürfnis fehlt oder aber beides gegeben sein kann und die Klage nur aufgrund dieser positiven Regelung unzulässig ist.

b) Eingrenzungsversuch mittels des Merkmals „Konkretisierung"

aa) Die herrschende Definition

Der Fassung des § 43 Abs. 1 VwGO hat sein zivilprozessuales Gegenstück, § 256 ZPO, als Vorbild gedient[16]. Entsprechend lehnen sich die

---

[8] Nachweise bei A. Naumann Diss. S. 37.

[9] Vgl. Quaritsch VerwArch 1960, S. 342: „Dieser Begriff wird bald enger bald weiter bestimmt und ist im öffentlichen Recht trotz vielfältiger Bemühung so farblos vieldeutigen Begriff prozessuales Leben einzuhauchen...". Zu dem entsprechenden zivilprozessualen Problem vgl. A. Naumann Diss. S. 37 ff.

[10] Vgl. Kelsen, Hauptprobleme der Staatsrechtslehre S. 705 ff.

[11] W. Jellinek VerwR S. 200: „Das Rechtsverhältnis mündet aus in ein Sollen, Dürfen, Können oder deren Gegenteile"; vgl. auch G. Jellinek, System der subjektiven öffentlichen Rechte, S. 49.

[12] Vgl. W. Jellinek VerwR § 9 über „Die Rechtsverhältnisse in der Verwaltung. Öffentliche Pflichten und Rechte" mit zahlreichen Nachweisen aus der älteren Literatur.

[13] G. Jellinek schreibt im System der subjektiven öffentlichen Rechte S. 41: „Das Leben der Menschen vollzieht sich in ununterbrochenen Beziehungen zu äußeren Dingen und anderen Menschen. Diese Beziehungen sind die Lebensverhältnisse. Werden diese von der Rechtsordnung anerkannt und geregelt, so werden sie zu Rechtsverhältnissen erhoben."

[14] So etwa Renck JuS 1966, S. 273 (278) und DÖV 1964, S. 651 (654); kritisch dazu Maurer S. 298 ff.

[15] So Renck NJW 1965, S. 1791.

[16] Vgl. die Materialien: BT-Drucksache 55 aus der 3. WP S. 32; Bericht des Rechtsausschusses BT-Drucksache 1094 aus der 3. WP S. 5.

in der Verwaltungsprozeßrechtslehre unternommenen Versuche, den Begriff des Rechtsverhältnisses i. S. d. § 43 Abs. 1 VwGO zu bestimmen, durchweg an den in der Zivilrechtsprechung zu § 256 ZPO[17] entwickelten an; diese Entwicklung wurde durch die frühe Rechtsprechung besonders der hanseatischen Verwaltungsgerichte zur Feststellungsklage eingeleitet[18] und hat zur kaum reflektierten Tradition eines Begriffs geführt, der — in sich allenfalls modifiziert, aber nie angezweifelt — bezeichnenderweise stets Meinungsverschiedenheiten und divergierende Ergebnisse hervorruft, wenn es um seine Anwendung im zu entscheidenden Rechtsfall geht[19]. Eine Begriffsbestimmung, die kontradiktorischen Schlüssen als Prämisse zu dienen vermag, kann indes nicht einwandfrei sein. Sie läßt sich wie folgt wiedergeben:

Rechtsverhältnis ist die aufgrund einer rechtlichen Regelung sich aus einem konkreten Sachverhalt als Rechtsfolge ergebende Beziehung zwischen zwei oder mehreren Rechtssubjekten oder zwischen einem Rechtssubjekt und einem Rechtsobjekt[20]. Die unkritische Übernahme des zivilprozessualen Rechtsverhältnis-Begriffs[21] in die verwaltungsgerichtliche Feststellungsklage gibt zu erheblichen Bedenken Anlaß[22]; sie knüpfen an zwei Momente der Definitionsformel an, welche deren Mangel an Präzision verraten und die Unterschiedlichkeit ihrer Anwendungsergebnisse erklären.

---

[17] Vgl. etwa VGH Mannheim ESVGH 11, S. 32; OVG Münster DÖV 1950, S. 122. Sehr zahlreiche Nachw. A. Naumann Diss. S. 195 ff., sowie ders. Diss. S. 37 ff., zur Geschichte des Begriffs in § 256 ZPO. Von den ZPO-Kommentaren bes. Stein-Jonas-Schuman-Leipold ZPO § 256 Anm. II.

[18] Darauf braucht in dieser Untersuchung nicht eingegangen zu werden; erschöpfende Nachweise finden sich in den Dissertationen von W. Bergmann (S. 23—45), A. Naumann (S. 1—13 und 78—106), Kl. Müller (S. 1 ff.), Fr. Traum passim.

[19] Vgl. etwa die Unvereinbarkeit von VGH Mannheim DVBl. 1966, S. 408 und BVerwG DÖV 1965, S. 169; dazu Menger/Erichsen VerwArch 57 (1966), S. 392.

[20] Vgl. etwa BVerwG DÖV 1957, S. 426; BVerwGE 14, S. 235; VGH Stuttgart DÖV 1957, S. 217; Menger, System S. 233 f.; Bachof JZ 1966, S. 476; Ule, Verwaltungsprozeßrecht S. 104; van Gelder JuS 1965, S. 89; Stern JuS 1965, S. 187; Eyermann-Fröhler § 43 Rz. 3 sowie die anderen Kommentare zur VwGO m. w. N.
Mitunter wird das Moment der „rechtlichen Regelung" fortgelassen und sinngemäß die Formulierung des Reichsgerichts (RGZ 107, S. 304) übernommen. Danach bilden ein Rechtsverhältnis „die Beziehungen einer Person zu einer anderen (oder zu einer Sache), die als Rechtsfolge aus einem konkreten Tatbestand erfließen." (So etwa Redding DÖV 1956, S. 388 f.). Es handelt sich hier nur um eine abweichende und etwas ungenaue Formulierung, da aus einem „konkreten Tatbestand" keine Rechtsfolgen erfließen können.

[21] Die auch Renck, der ansonsten der h. L. sehr kritisch gegenübersteht, unterläuft; vgl. NJW 1965, S. 1791 ff. Besonders deutlich auch bei v. Turegg MDR 1952, S. 150 f.

[22] Ähnliche Bedenken hat R. Naumann DVBl. 1951, S. 140.

B. Die inzidente Normenkontrolle durch Feststellungsklage

Einmal ist zu klären, was mit der „rechtlichen Regelung" als Definitionsmerkmal gemeint ist[23]. Im Zivilrecht ist dies regelmäßig der Vertrag, im öffentlichen Recht hingegen nur in Ausnahmefällen[24]; es ist vielmehr von den hoheitlichen Regelungsformen — Verwaltungsakt oder Norm — bestimmt. Soll aber das Rechtsverhältnis auf einer „rechtlichen Regelung" beruhen, so können Art und Struktur dieser Regelung nicht ohne Einfluß auf die Struktur des Rechtsverhältnisses sein[25]. Anders als im Zivilprozeßrecht ist im Verwaltungsprozeßrecht die Möglichkeit der Behörden, rechtsverbindlich mittels eines auch rechtswidrigen Verwaltungsaktes zu entscheiden, von Bedeutung für den Umfang der verwaltungsgerichtlichen Entscheidungskompetenz: so muß etwa das Rechtsverhältnis i. S. d. § 43 Abs. 1 VwGO ein gerichtlich feststellbares sein.

Unklar bleibt jedoch vor allem, was in der Definition unter dem „konkreten Sachverhalt" verstanden wird. Daß auch im Rahmen einer verwaltungsgerichtlichen Feststellungsklage jeweils über einen F a l l zu entscheiden ist und nicht lediglich über Rechtsfragen, bedarf angesichts des Zwecks der Vorschrift als Regelung eines Rechtsschutzverfahrens — wie in Ansehung des Gesamttelos der VwGO[26] — keiner weiteren Begründung[27]. Zweifellos muß auch die mit dem Begriff Rechtsverhältnis bezeichnete materiell-rechtliche Konstellation — ganz allgemein gesprochen — Rechtsschutzrelevanz haben[28]. Diesem Erfordernis genügen gleichwohl Rechtsprechung und Schrifttum, die ausnahmslos

---

[23] Eine klare Formulierung findet sich nur bei Menger, System S. 235: „Öffentliche Rechtsverhältnisse können nicht nur auf einem Verwaltungsakt beruhen, sondern auch — und dieser Fall wird in der Praxis der verwaltungsgerichtlichen Feststellungsklage der häufigere sein — unmittelbar auf Rechtssätzen."
[24] Vgl. Rupp, Grundfragen der heutigen Verwaltungsrechtslehre S. 15; Fleiner, Institutionen des Deutschen Verwaltungsrechts S. 43 f.
[25] Es genügt jedenfalls nicht, etwas vage davon zu reden, daß „die ein öffentlich-rechtliches Rechtsverhältnis... ausmachende Gesamtheit von öffentlich-rechtlichen Rechten und Pflichten... unmittelbar auf Verfassungsgesetz oder Gesetz beruhen (kann), ohne daß es durch einen Akt hoheitlicher Gewalt konkretisiert wird". (So — wohl im Anschluß an die fast wörtlich übereinstimmende Formulierung R. Naumanns in: Jellinek-Gedächtnisschrift S. 391, 398 — Ruckdäschel DÖV 1961, S. 679).
[26] Menger/Erichsen sprechen in VerwArch 56 (1965), S. 283 von dem „bei der Auslegung einer prozeßrechtlichen Norm besonders wichtige(n) teleologische(n) Moment". Dieses kann indes seinen Einfluß nicht auf die Auslegung einer Vorschrift wie der des § 43 VwGO beschränken, es beeinflußt auch die Bestimmung der sie tragenden Begriffe (wie dem des Rechtsverhältnisses).
[27] Dazu mit Nachweisen Weckerle, Dissertation S. 90 f.
[28] Menger/Erichsen stellen in VerwArch 59 (1968), S. 83 f. klar, „daß die VwGO... dem einzelnen Rechtsschutz gegen Eingriffe der öffentlichen Gewalt in seine rechtlich geschützten Interessenpositionen gewähren will". Es sei „hingegen nicht ihr Zweck, den einzelnen durch die verwaltungsgerichtliche Klage in die Lage zu versetzen, das Verhalten der Behörde nur daraufhin gerichtlich kontrollieren zu lassen, ob es dem objektiven Recht entspricht".

ein **konkretes** Rechtsverhältnis verlangen[29] — wobei Einigkeit zwar im Wort, nicht im Begriff besteht — nur scheinbar[30].

Sie gehen — insoweit übereinstimmend — davon aus, daß das Rechtsverhältnis i. S. d. § 43 Abs. 1 VwGO von einem (ihm vorgängigen) sogenannten „allgemeinen Rechtsverhältnis", das auch als „Rechtslage" oder als „abstraktes Rechtsverhältnis" bezeichnet wird, unterschieden werden und ein konkretisiertes Rechtsverhältnis sein müsse[31]. Eine Rechtslage nämlich habe sich — damit sie ein gerichtlich feststellbares Rechtsverhältnis sein könne — erst in irgendeiner Weise zu „verdichten"[32]. Die Konkretisierung oder Verdichtung wird somit zu einem Konstituens des Begriffs; zwar findet sich das Adjektiv „konkret" in § 43 Abs. 1 VwGO nicht[33], auch vermag „Rechtsverhältnis" außerhalb des infragestehenden Zusammenhangs mehr zu besagen[34]: die genauere Eingrenzung entspricht jedoch seiner zutreffenden systematisch-teleologischen Einschätzung — der erwähnten „Rechtsschutzrelevanz" des Begriffs.

Indes trügt der Schein. Eine Analyse der verschiedenen Theorien, wie die genannte Konkretisierung bzw. Verdichtung erfolge, ergibt, daß sie nur zum geringen Teil den Begriff des Rechtsverhältnisses überhaupt betreffen; soweit sie ihn aber betreffen, vermögen sie infolge einer durchaus mangelhaften systematischen Grundlegung nicht, ihn allgemeingültig — d. h. für alle denkbaren Fälle — zu bestimmen.

bb) Die zwei Formen der Konkretisierung

Die Konkretisierungstheorien sind zu scheiden in jene, die eine Einschränkung der rechtlichen Regelungen, auf denen Rechtsverhältnisse beruhen können, versuchen und solche, nach denen die Konkretisierung sich durch ein — irgendwie geartetes — Handeln der Behörde oder — in seltenen Fällen — des Bürgers vollzieht. Zwar findet sich diese Unter-

---

[29] Auch dies ist ein Erbstück der Zivilprozeßrechtslehre. Vgl. für alle Rosenberg, Lehrbuch des deutschen Zivilprozeßrechts, 1961 S. 403 ff.

[30] Das klingt bei Quaritsch VerwArch 51 (1960), S. 343 in seiner — sonst etwas zu summarischen — Kritik an den Definitionsversuchen des Rechtsverhältnisses an: Es bliebe „unberücksichtigt, daß der Prozeß nur das Verhältnis zweier sich gegenüberstehender Rechtssubjekte zum Gegenstand hat..."

[31] Diese Unterscheidung stammt von W. Jellinek VerwR S. 191 ff.; vgl. auch Schoen DÖV 1951, S. 398 („allgemeines Rechtsverhältnis"); Nachweise bei Weckerle S. 11 ff.

[32] So etwa BVerwGE 12, S. 261 ff.; 17, S. 359; BVerwG NJW 1967, S. 797. Aus der Literatur: Huber, Wirtschaftsverwaltungsrecht Bd. 2 S. 619; Czermak NJW 1963, S. 1027; Eyermann-Fröhler § 43 Rz. 4.

[33] Darum ist Rencks Meinung unverständlich, wonach „der Grundsatz der Feststellungsfähigkeit nur konkreter Rechtsverhältnisse seinen klassischen Niederschlag... auch in § 43 Abs. 1 VwGO gefunden" hat (NJW 1965, S. 1791).

[34] Nach Bergmann, Dissertation S. 69, handelt es „sich nicht um ein dem allgemeinen Begriff des Rechtsverhältnisses wesensmäßig innewohnendes Moment".

B. Die inzidente Normenkontrolle durch Feststellungsklage

scheidung nicht ausdrücklich bei den jeweiligen Vertretern dieser Auffassungen — sie scheint ihnen nicht einmal bewußt zu sein[35] — sie vermag jedoch die gänzlich verschiedenen Begriffe, die mit dem Wort „Konkretisierung" verbunden werden, klarzulegen.

α) *Konkretisierung durch ein Tätigwerden der Behörde oder des Bürgers*

Der zweiten Auffassung neigt der eindeutig überwiegende Teil der Literatur und Rechtsprechung zu; dabei sind die Fälle, in denen es eines Handelns (auch) des Bürgers zur Konkretisierung eines Rechtsverhältnisses bedarf, durchaus zweitrangig.

Die stets wiederholte Formel besagt etwa folgendes: eine Rechtslage könne sich nicht nur durch ein rechtsförmliches Handeln der Behörde — vor allem einen Verwaltungsakt (wie es früher h. M. war[36]), einen Vertrag oder (in Ausnahmefällen) eine Norm — zu einem Rechtsverhältnis konkretisieren, sondern schon durch ein formloses behördliches Handeln[37].

αα) Durch formloses Handeln

Die Meinungen, wie im einzelnen ein formloses behördliches Handeln beschaffen sein muß, um ein konkretes Rechtsverhältnis hervorrufen zu können, sind breit gefächert und befehden sich heftig[38]. So soll eine Warnung der Behörde genügen oder die sonstige Kundgabe der Absicht, mittels eines (belastenden) Verwaltungsakts einzugreifen[39]. Schon, wenn auch nur nach Meinung der Behörde eine belastende Maßnahme gerechtfertigt ist[40], oder diese gar nur für einen Fall sich zu

---

[35] Es kommt dergestalt zu einer Art Mischformel: ein Rechtsverhältnis könne nicht nur durch einen förmlichen Verwaltungsakt konkretisiert werden, sondern auch durch ein formloses Handeln der Behörde. So etwa Huber, Wirtschaftsverwaltungsrecht Bd. 2 S. 618 ff.; H. H. Klein JuS 1962, S. 277. Diese Zusammensetzung disparater Konkretisierungsverständnisse ergibt schwerlich ein brauchbares Ergebnis. Ähnliche Formeln finden sich in sämtlichen VwGO-Kommentaren; desweiteren etwa bei A. Naumann, Dissertation S. 79 ff.; Kl. Müller, Dissertation S. 19 u. ö.; Bergmann, Dissertation S. 85, will sogar „von einer formlos konkretisierten Feststellungsklage" sprechen, „soweit die Feststellungsklage aufgrund formloser Konkretisierung zulässig ist".
[36] Vgl. etwa Hufnagel VGG S. 134 f.; aus der Rspr.: OVG Lüneburg DVBl. 1951, S. 609; baden-württembergischer VGH VerwRspr 10, S. 228.
[37] Nach Ruckdäschel DÖV 1961, S. 675 (679), werden „viele Rechtsverhältnisse erst durch einen Verwaltungsakt... konkretisiert". Jedoch nicht ausschließlich: „Vielmehr kann die Konkretisierung auch im Wege des Abschlusses eines öffentlich-rechtlichen Vertrages, durch Einordnung in ein öffentlich-rechtliches Dienst-, Anstalts- oder Verbandsverhältnis oder unmittelbar durch eine Rechtsnorm erfolgen." So oder ähnlich auch die VwGO-Kommentare; vgl. Eyermann-Fröhler § 43 Rz. 4.
[38] Vgl. die Darstellung dieses Meinungsfächers bei Bergmann DÖV 1959, S. 570; ders. Dissertation S. 70—86; Kl. Müller Dissertation S. 12—27.
[39] Etwa BVerwG MDR 1957, S. 503; OVG Hamburg DVBl. 1950, S. 644.
[40] So W. Jellinek VVDStRL 2, S. 8 ff., 61 ff.; Naumann DVBl. 1951, S. 140.

interessieren begonnen hat[41], soll aus einer Rechtslage eine konkretes Rechtsverhältnis werden. Genügt, daß die Verwaltung sich dieser Art rührt[42], so hat a-fortiori der Erlaß eines Verwaltungsakts konkretisierende Wirkung[43]: er läßt — mehr und sicherer als irgendein Handeln sonst — aus einem latenten ein konkretes Rechtsverhältnis werden.

Auf der anderen Seite soll durch den Antrag auf einen begünstigenden Verwaltungsakt — etwa auf Gewährung einer Fürsorgeunterstützung[44] — und dessen antragsgemäßer oder sonstigen erkennbaren Behandlung eine „Verdichtungswirkung" von Rechtszustand zum Rechtsverhältnis eintreten, mit anderen Worten: ein Rechtsverhältnis entstehen[45].

Diese Theorien halten in keiner ihrer Spielarten einer kritischen Untersuchung stand.

Die Konkretheit gehört nach einhelliger Meinung, nach der es sich in § 43 Abs. 1 VwGO um ein „konkretes Rechtsverhältnis" handeln muß, zum Wesen des Rechtsverhältnisses als dessen Eigenschaft. Sie ist deshalb dem Begriffe „Rechtsverhältnis" inhärentes Moment. Das führt zu überraschenden Konsequenzen: Nach § 43 Abs. 1 VwGO kann die Feststellung des Bestehens (oder Nichtbestehens) eines Rechtsverhältnisses verlangt werden. Voraussetzung für die Zulässigkeit einer verwaltungsgerichtlichen Feststellungsklage ist also die Behauptung des Klägers, daß ein Rechtsverhältnis bestehe (oder nicht bestehe).

Entsteht andererseits ein konkretes Rechtsverhältnis i. S. d. § 43 Abs. 1 VwGO durch das Verhalten einer Verwaltungsbehörde — bzw. das mitwirkende Verhalten eines Bürgers —, dann kann kein Streit mehr entstehen, ob ein Rechtsverhältnis besteht oder nicht. Im förmlichen oder formlosen Handeln der Verwaltungsbehörde liegt gar nicht die Konkretisierung eines Rechtsverhältnisses, über das in der Folge gestritten werden könnte, sondern kann nur die — eventuell sodann bestrittene — Behauptung des Bestehens eines (konkreten) Rechtsverhältnisses liegen! Würde beispielsweise die Behörde gar nicht behaup-

---

[41] Fenge DÖV 1956, S. 392.

[42] Dunkel ist auch die Formulierung des VG Berlin (NJW 1960, S. 1410): „Die dem Gesundheitsamt obliegenden Aufgaben führen zu einem ... Rechtsverhältnis, wenn die Behörde in diesem Zusammenhang tätig wird."

[43] Hier ist häufig unklar, ob der Verwaltungsakt als *Handlung* oder als *rechtsetzende Regelung* gemeint ist; beide Fälle fordern eine durchaus unterschiedliche Stellungnahme. Vgl. dazu die weitere Untersuchung.

[44] BVerwG JuS 1967, S. 92.

[45] Von einer „Verdichtung des Rechtszustandes zu einem Rechtsverhältnis" durch Erhebung von Ansprüchen oder Stellung von Anträgen spricht neben BVerwG JuS 1967, S. 93 z. B. auch BVerwGE 12, S. 261; OVG Bremen DVBl. 1961, S. 886. Jüngst noch BVerwG DÖV 1969, S. 463. Auch nach Ruckdäschel DÖV 1961, S. 675 (679) konkretisieren sich viele Rechtsverhältnisse „erst durch Stellung eines Antrages".

B. Die inzidente Normenkontrolle durch Feststellungsklage

ten, daß sie ein Eingriffsrecht habe, auch sonst keine Meinung äußern, wonach sie zu einer bestimmten Maßnahme berechtigt sei, sich auch nicht erkennbar interessieren oder in anderer Weise rühren, so könnte eine öffentlich-rechtliche Streitigkeit i. S. d. § 40 VwGO nicht entstehen; diese ist gekennzeichnet durch Behauptung und Bestreiten, Berühmen und Verwahrung. Gibt die Behörde zu erkennen, daß sie zu einem bestimmten Eingriff berechtigt sei, so behauptet sie, daß zwischen ihr und dem (potentiellen) Adressaten ein Rechtsverhältnis besteht, aufgrund dessen sie zu einem belastenden Verwaltungsakt berechtigt ist[46]. Es ist unmöglich, daß diese Behauptung ein konkretes Rechtsverhältnis i. S. d. § 43 Abs. 1 VwGO erst schaffen und somit Inhaltsbestandteil des Behaupteten sein will[47]. Schüfe die Behauptung das Rechtsverhältnis[48], wäre es stets unstreitig; soll aber die Behauptung ein Rechtsverhältnis erst feststellbar — d. h. „konkret" — machen, dann kann das Merkmal der Konkretheit nicht zur Begriffsbestimmung des Rechtsverhältnisses i. S. d. § 43 Abs. 1 dienen. Kaum vorstellbar ist insbesondere, daß — wie in der negativen Feststellungsklage — auf diese Weise das als nicht bestehend Behauptete konkretisiert werden soll. Kurz: Die Behauptung des Bestehens eines Rechtsverhältnisses kann nicht zugleich Voraussetzung seines Bestehens sein. Das aber ist die Konkretisierungsthese der h. M.[49].

---

[46] Insofern unklar die schon erwähnte Entscheidung des OVG Hamburg vom 28. 2. 1950 (DVBl. 1950, S. 644), wo einerseits davon die Rede ist, daß die Beklagte durch die Androhung von Maßnahmen „die Voraussetzungen für eine Feststellungsklage (gesetzt)" habe, andererseits in dieser Androhung die *Behauptung* eines öffentlich-rechtlichen Rechtsverhältnisses zutreffend gesehen wird.
In einem Fall aus dem Bereich der Leistungsverwaltung formuliert das BVerwG (DVBl. 1956, S. 135) richtig: „Bestreitet die Behörde die Voraussetzungen für die Anwendung einer im Interesse des Einzelnen geschaffenen Ermessensform, so stellt sie damit das Bestehen eines auf dem Anspruch ... beruhenden öffentlich-rechtlichen Rechtsverhältnisses ... in Abrede." Diese Formulierung ist allerdings insofern ungenau, als das Rechtsverhältnis nicht auf einem Anspruch, sondern nur auf der anspruchsbegründenden Regelung beruhen kann.
[47] Das verkennt auch Brohm, Rechtsschutz im Bauplanungsrecht S. 77 f., für den ein Rechtsverhältnis durch bestimmte Maßnahmeabsichten der Behörde „konkretisiert" sein muß.
[48] Ganz unklar OVG Hamburg DVBl. 1960, S. 178 (179 r. Sp.), wonach die Behörde ein Rechtsverhältnis dadurch „regelt", daß sie die Einsicht in von ihr verwaltete Unterlagen verweigert.
[49] Quaritsch VerwArch 1960, S. 342 (344), geht vom „status" des Rechtssubjekts im Sinne G. Jellineks in seinen 4 Entfaltungen aus und definiert das Rechtsverhältnis i. S. d. § 123 Abs. 1 S. 2 VwGO mit ähnlichen Formulierungen wie die h. L. für ihren Konkretisierungsbegriff verwendet. Danach entsteht ein solches Rechtsverhältnis, „wenn ein Träger öffentlicher Gewalt in Vollzug öffentlicher Aufgaben handelnd oder unterlassend die Rechtstellung einer Zivilperson berührt, sei es durch einen Eingriff in seine Freiheitssphäre ...., sei es durch Aktualisierung einer Pflicht, gleich, ob dieser Rechtssphärenkontakt rechtmäßig oder rechtswidrig ist." Soweit dieser Begriff auch für § 43 Abs. 1 VwGO gelten soll, trifft ihn dieselbe Kritik.

ββ) Durch rechtsförmliches Handeln

Eine im grundsätzlichen gleichbegründete Kritik trifft sie, soweit die Konkretisierung durch ein förmliches Handeln der Verwaltungsbehörden, insbesondere durch den Erlaß eines Verwaltungsakts eintreten soll. Ebensowenig wie ein formloses kann ein förmliches Handeln als solches[50] eine ihm vorgängige rechtliche Lage zu einem sogenannten konkreten Rechtsverhältnis umgestalten[51]. Dies gilt unabhängig davon, ob der Verwaltungsakt Anspruch oder Pflicht lediglich deklariert bzw. formuliert oder aber begründet. Gegen die Möglichkeit — vor allem, soweit sie als ausschließliche verfochten wird —, ein Verwaltungsakt konkretisiere ein ihm vorgängiges „allgemeines" Rechtsverhältnis und mache es zu einem nach § 43 Abs. 1 feststellbaren, spricht überdies die Vorschrift des § 43 Abs. 2. Die dort genannte Gestaltungsklage meint vor allem die Anfechtungsklage nach § 42 Abs. 1 VwGO; andererseits ist der als konkretisierend vorgestellte Verwaltungsakt regelmäßig ein belastender: nach § 43 Abs. 2 wäre die Feststellungsklage immer dann ausgeschlossen, wenn ihre Zulässigkeitsvoraussetzungen nach § 43 Abs. 1 VwGO vorlägen; ein kaum einleuchtendes Ergebnis. — Die Folgerung, daß ein Rechtsverhältnis i. S. d. § 43 Abs. 1 gerade auch vor dem Erlaß eines Verwaltungsakts — und unabhängig von ihm — bestehen kann, ist zwingend.

γγ) Kritik: Konkretisierung als Voraussetzung von Streitigkeit und Rechtsschutzbedürfnis

Weder rechtsförmliches noch formloses Verhalten kann demnach als solches konstitutive Funktion für ein Rechtsverhältnis i. S. der verwaltungsgerichtlichen Feststellungsklage haben; Bestandteil seiner Definition vermag keines der vorgeschlagenen Konkretisierungsmomente zu sein. Alles, was insoweit unter dem Thema „Konkretisierung" abgehandelt wird, gehört nicht in den Begriff des Rechtsverhältnisses i. S. d. § 43 Abs. 1 VwGO, sondern zum Bereich zweier anderer Klagevoraussetzungen:

---

[50] Und nicht etwa als Erfüllung der Tatbestandsseite einer Norm. Dazu weiter unten (β).

[51] Die Verpflichtung, Getränkesteuer zu bezahlen, besteht genauso unmittelbar aufgrund der Gemeindesatzung wie das entsprechende Recht der Gemeinde, einen Steuerbescheid zu erlassen. Weder der Bescheid noch die Drohung mit ihm konkretisieren oder begründen gar dieses Rechtsverhältnis. Richtig deshalb das OVG Münster in seinem Urteil vom 21. 10. 1953 (OVGE 8, S. 45) — damals galt noch § 52 der MRVO 165 — „Von der sogenannten abstrakten Normenkontrolle kann dabei nicht die Rede sein. Gegenstand der Feststellungsklage ist nicht die Rechtsgültigkeit einer Norm, sondern das Bestehen oder Nichtbestehen eines Rechtsverhältnisses; die Rechtsgültigkeit der hier als Norm in Betracht kommenden Getränkesteuerordnung ist nur als Vorfrage, nicht anders als bei einer Anfechtungsklage von Bedeutung."

B. Die inzidente Normenkontrolle durch Feststellungsklage

Einmal handelt es sich um die in § 40 VwGO normierte Bedingung jeder verwaltungsgerichtlichen Klage, *daß man sich nämlich streiten müsse*. Durch das Handeln — wie immer beschaffen — der einen, das entgegengesetzte Handeln der anderen Partei kommt es zu einer öffentlich-rechtlichen Streitigkeit, wie § 40 VwGO sie — noch bevor von einer bestimmten Klageart die Rede ist — verlangt. Es bleibt also weiterhin fraglich, *worüber* man sich in einer Klage nach § 43 Abs. 1 VwGO streiten muß, d. h. was ein Rechtsverhältnis sei.

Zum anderen ist die Frage des Rechtsschutzbedürfnisses angesprochen[52]. Nur als Folge einer Streitigkeit ist es denkbar; wo niemand sich um seine Rechte streitet, bedarf es auch keines gerichtlichen Schutzes. Darüber hinaus hängt sein Vorliegen u. a. von Art und Intensität des behördlichen Verhaltens — z. B. einer Warnung, der Drohung mit einer belastenden Maßnahme — ab.

β) *Konkretisierung als Tatbestandserfüllung*

Mit den hier abgelehnten Vorschlägen hat ein anderer, der den Begriff des Rechtsverhältnisses nicht von einem — wie immer gearteten — Handeln, sondern von den begründenden rechtlichen Regelungen her zu erfassen sucht, nur den Namen gemeinsam.

Danach kann ein Rechtsverhältnis nicht nur auf der rechtlichen Einzelregelung, wie sie ein Verwaltungsakt darstellt, beruhen, sondern auch auf einem allgemeinen Rechtssatz[53].

Unter dem Begriff „Konkretisierung" tritt diese Auffassung der Frage näher, wann auf einem allgemeinen Rechtssatz ein Rechtsverhältnis

---

[52] Dies wird deutlich im Urteil des OVG Berlin DVBl. 1952, S. 761: „... weil die Rechtsnorm im allgemeinen noch kein Rechtsverhältnis zwischen Bürger und Obrigkeit schafft und daher für den Bürger ein Rechtsschutzinteresse zunächst nicht gegeben ist." Eine Ausnahme solle gegeben und die Feststellungsklage zulässig sein, wenn gegen die Norm nicht verstoßen werden könne; dann habe sie „bereits unmittelbar in die Rechtssphäre des Klägers eingegriffen und ein öffentliches Rechtsverhältnis zwischen den Parteien begründet." (Es handelte sich um eine durch Verkehrszeichen erlassene Verkehrsbeschränkung, die durch Schutzgitter unübertretbar gemacht worden war). Hier werden Rechtsschutzbedürfnis und Rechtsverhältnis miteinander vermengt. Es ist nicht einzusehen, warum durch das Aufstellen von Schutzgittern aufgrund des Verkehrszeichens (als Norm angesehen) ein Rechtsverhältnis bestehen soll, ohne diese Schutzgitter hingegen nicht. — Ähnlich auch Bergmann VerwArch 49 (1958), S. 333 (336 f.), wo die Konkretisierung zugleich Definitionsbestandteil des Rechtsverhältnisses ist und unter der Rubrik Rechtsschutzbedürfnis abgehandelt wird.

[53] Vgl. etwa BVerwGE 4, S. 363; BVerwG NJW 1962, S. 1690; BVerwG DVBl. 1963, S. 782 m. w. N. Aus der Literatur: Menger, System S. 235 ff.; R. Naumann, in: Jellinek-Gedächtnisschrift S. 391 ff.; A. Naumann, Dissertation S. 228 ff. und 318 ff., der sich seiner Sache indes nicht sicher zu sein scheint, da er, ebd. auf S. 231, seine Definition als die einer feststellbaren „Rechtslage" ausgibt.

beruhen kann. Dies soll immer dann der Fall sein, wenn die abstrakt gefaßt Tatbestandsseite eines Rechtssatzes durch einen lebenswirklichen Sachverhalt erfüllt ist. Hier wird unter Konkretisierung Tatbestandserfüllung verstanden[54]. Die Konkretisierung einer abstrakten Rechtslage zu einem Rechtsverhältnis i. S. d. § 43 Abs. 1 VwGO erfolgt also gewöhnlich[55], indem das Zurechnungssubjekt[56] eines Rechtssatzes dessen abstrakt formulierten Tatbestand verwirklicht[57] und so seine Rechtsfolge entweder auslöst oder ihre Setzung durch das Zuordnungssubjekt ermöglicht[58]. Bei einer Streitigkeit über das Bestehen oder Nichtbestehen eines Rechtsverhältnisses geht es — nach einer häufig gebrauchten Formulierung[59] — um die „Anwendung eines Rechtssatzes auf einen bestimmten, bereits übersehbaren Sachverhalt".

Die Schwäche dieser Theorie liegt in ihrer einseitigen Fixierung auf den Idealtypus des allgemeinen Rechtssatzes; schwierige Rechtsfragen werden indes gerade durch jene rechtliche Regelungen, insbesondere Rechtssätze, aufgeworfen, die nicht eine abstrakte Tatbestandsseite enthalten, sondern — darin der weitgehenden Konkretisierung des Einzelakts ähnlich — ohne weitere Voraussetzungen kategorisch befehlen, verbieten, gestalten[60]. Eben deshalb können sie eines vermittelnden Einzelakts entraten, sind sie *self-executing*.

Darüber hinaus ist fraglich, ob die Entstehung eines solchen Rechtsverhältnisses, wie es für die Zulässigkeit einer verwaltungsgerichtlichen

---

[54] Die Gegner dieser Auffassung — vgl. Bergmann, Dissertation S. 70 ff.; Huber, Wirtschaftsverwaltungsrecht Bd. 2 S. 619 — sehen darin die Aufgabe des Erfordernisses der Konkretisierung und bestätigen damit die an ihnen in dieser Untersuchung geübte Kritik.

[55] Es gibt natürlich auch Fälle, in denen die Tatbestandseite einer Norm durch Ereignisse erfüllt wird, die nicht das Zurechnungssubjekt des Rechtssatzes auslöst; etwa durch eine Naturkatastrophe oder den Kriegsfall.

[56] Zu dieser Terminologie vgl. Menger, System S. 235; dazu auch Ress, Die Entscheidungsbefugnis in der Verwaltungsgerichtsbarkeit S. 224.

[57] Volkmar, Allgemeiner Rechtssatz und Einzelakt S. 49 f. hat aufgezeigt, daß eine Rechtsfolge, die eine Subsumtion verlangt, stets in die Tatbestandsseite der Norm logisch einbeziehbar ist.

[58] Präzise formuliert Menger, System S. 235: „Das öffentliche Rechtsverhältnis kann ... als die durch einen konkreten Sachverhalt aktualisierte normierte Beziehung zwischen Rechtssubjekten untereinander ... bzw. zwischen Rechtssubjekten und Sachgütern bezeichnet werden." Und weiter heißt es: „Der ... Unterschied zwischen Rechtszustand und Rechtsverhältnis besteht also in der latenten normierten Beziehung selbst und ihrer Konkretisierung bzw. Aktualisierung durch einen bestimmten Sachverhalt."

[59] So etwa BVerwGE 12, S. 361; 14, S. 202; 14, S. 235; 16, S. 92; OVG Münster DÖV 1967, S. 99.

[60] Vgl. dazu die Analyse von Volkmar, Allgemeiner Rechtssatz und Einzelakt S. 90 ff. mit zahlreichen Nachweisen. Allgemein zu dieser Normstruktur Engisch, Einführung in das juristische Denken S. 32; Larenz, Methodenlehre der Rechtswissenschaft S. 152. Speziell für die hier wichtigen Rechtssätze: Obermayer VVDStRL 18 (1960), S. 144 ff.

Feststellungsklage behauptet werden muß, in der Tat der Verwirklichung eines Sachverhalts bedarf, der einen gesetzlichen Tatbestand ausfüllt. Es darf nicht verkannt werden, daß die Behauptung des Bestehens eines Rechtsverhältnisses — und somit die Zulässigkeit der Feststellungsklage — schon zu einem Zeitpunkt möglich sein muß, in dem Rechtsschutz noch wirksam gewährt werden kann. Je nach Struktur und — vor allem auch wirtschaftlicher — Bedeutsamkeit eines Rechtssatzes ist dies nach Erfüllung seines Tatbestandes jedoch in Frage gestellt[61].

c) Systematische Begriffsbestimmung des Rechtsverhältnisses i. S. d. § 43 Abs. 1 VwGO

Aussicht auf eine allgemeine und nicht kasuistischem Gutdünken überlassene Fassung des Begriffs Rechtsverhältnis i. S. der verwaltungsgerichtlichen Feststellungsklage bietet nur eine Untersuchung sämtlicher materiellrechtlicher Strukturen, die möglicherweise für den gesuchten Begriff empfänglich sind. Ohne Zweifel kann ein Rechtsverhältnis — was immer es sei — nur dort bestehen, wo irgendeine rechtliche Regelung wirksam ist; ohne eine solche nämlich ist kein *Rechts*verhältnis denkbar.

Desweiteren muß es sich je um eine genau bestimmte rechtliche Regelung handeln, denn es liegt auf der Hand, daß Klage nur auf Feststellung des Bestehens eines bestimmten Rechtsverhältnisses erhoben werden kann. Das Rechtsverhältnis erfährt seine Bestimmtheit von der bestimmten rechtlichen Regelung, auf der es beruht und deren Regelungsgehalt und Struktur es in jeder Hinsicht charakterisieren[62]. Der Austausch der Rechtsregelung führt zum Austausch des Streitgegenstandes selbst.

Das richtige Vorgehen bietet sich damit an: Die verschiedenen Arten rechtlicher Regelung sind darauf zu überprüfen, ob und inwieweit sie

---

[61] Damit soll der Begriff des Rechtsverhältnisses nicht etwa vom Rechtsschutzbedürfnis her, sondern als verwaltungsprozessualer erfaßt werden.

[62] Entsprechendes gilt für die *negative* Feststellungsklage: Der Behauptung des Beklagten, daß aufgrund einer bestimmten Norm z. B. ein Eingriffsrecht gegen den Kläger gegeben sei, steht dessen Behauptung gegenüber, daß es nicht gegeben sei. In diesem Zusammenhang ist die Richtigkeit der Meinung zu prüfen, daß auf den Abwehrrechten des Grundrechtskatalogs des GG Rechtsverhältnisse i. S. d. § 43 Abs. 1 VwGO beruhen könnten. (So etwa R. Naumann, in: Jellinek-Gedächtnisschrift S. 391; Ruckdäschel DÖV 1961, S. 675 [679]). Zwischen Kläger und Beklagten wird nicht streitig sein, ob z. B. aufgrund des Art. 14 GG ein Rechtsverhältnis zwischen ihnen besteht oder nicht besteht, sondern etwa aufgrund eines Enteignungsgesetzes. Dessen wichtigster Gültigkeitsmaßstab wäre Art. 14 GG; das streitige Rechtsverhältnis würde aber nicht auf dem Grundgesetzartikel beruhen (bzw. nicht beruhen).

Rechtsverhältnisse begründen können. Dabei ist der gesetzliche Zusammenhang, in dem sich der Begriff findet, unter zwei Gesichtspunkten entscheidend zu berücksichtigen.

Einmal handelt es sich in § 43 Abs. 1 VwGO um die Normierung eines Rechtsschutzverfahrens. Das hat auch Bedeutung für den Begriff des Rechtsverhältnisses, der dem Regelungszweck der Gesamtvorschrift entsprechen muß: die Feststellung des Bestehens oder Nichtbestehens von Rechtsverhältnissen muß dem Schutz von Rechten, möglicherweise der sichernden Feststellung von Pflichten dienen können. Nur jene Rechtsregeln kommen deshalb als Grundlage von Rechtsverhältnissen in Betracht, die Rechte und Pflichten von Rechtssubjekten als gegenseitige normieren.

Zum anderen ist auf das System der verwaltungsgerichtlichen Klagearten — unter denen eine die Feststellungsklage ist — Bedacht zu nehmen. Die der Feststellungsklage — wie jeder anderen Klageart — zugeordneten materiellrechtlichen Anknüpfungspunkte[63] können nicht ohne eine systematische Ortsbestimmung der Klage nach § 43 Abs. 1 VwGO aufgefunden werden[64]. Es bedarf darum u. U. einer einschränkenden Abgrenzung von jenen Bereichen, die einer anderen Klageart zugeordnet sind.

aa) Rechtsverhältnisse im Kräftefeld des Verwaltungseinzelakts

α) *Rechtsverhältnis aufgrund Verwaltungsakts*

Der Verwaltungsakt[65] ist verbindliche öffentlich-rechtliche Regelung. Sein Adressat ist gehalten, zu tun, was der Verwaltungsakt ihm aufgibt, oder zu unterlassen, was er ihm verbietet; er ist gegebenenfalls berechtigt, in Anspruch zu nehmen, was der Verwaltungsakt ihm gewährt. Der Verwaltungsakt setzt das für den Adressaten geltende Recht[66]. Er bleibt verbindlich, solange er nicht von der erlassenden

---

[63] Blomeyer AcP 159 (1960), S. 385 kritisiert zu Recht, daß „es nachgerade Mode geworden ist, über die „Eigenständigkeit" des Prozeßrechts dessen funktionelle Abhängigkeit vom materiellen Recht zu ignorieren". Vgl. auch Lerche BayVBl. 1956, S. 295; Rupp, Grundfragen der heutigen Verwaltungsrechtslehre S. 159 f.; Ress, Die Entscheidungsbefugnis in der Verwaltungsgerichtsbarkeit S. 151 Fußn. 220 am Ende.

[64] Zu diesem Vorgehen vgl. die Ausführungen von Renck JuS 1966, S. 273 1. Sp.

[65] Im Sinne der h. M. und nicht — wie etwa von Bettermann und Lerche — „im weiteren Sinne" verstanden. Erschöpfende Nachweise dazu bei Rönnebeck, Dissertation S. 14 ff. und 2.

[66] Vgl. Menger, System S. 100; Walter Schmidt, Gesetzesvollziehung durch Rechtsetzung S. 142 m. w. N.

B. Die inzidente Normenkontrolle durch Feststellungsklage

oder nächsthöheren Behörde[67] zurückgenommen oder durch Gerichtsurteil kassiert worden ist.

Dem Adressaten als Zurechnungssubjekt der im Verwaltungsakt getroffenen Regelung entspricht ein hoheitliches Zuordnungssubjekt. Dies kann nicht der Erlasser des Verwaltungsakts sein — als solchen spricht die Regelung ihn nicht an[68] —, sondern nur dasjenige hoheitliche Rechtssubjekt — subjektiv mit dem Erlasser regelmäßig identisch — das je nach Regelungsinhalt dessen Verwirklichung zu beobachten und gegebenenfalls durchzusetzen, eine Leistung zu erbringen, die Ausnutzung einer Gewährung zu dulden hat[69].

Dieses Gegenseitigkeitsverhältnis von Dürfen und Müssen ist nichts anderes als ein vom Verwaltungsakt begründetes Rechtsverhältnis zwischen Zurechnungs- und Zuordnungssubjekt seiner Regelung[70].

Rücknahme oder Widerruf des Verwaltungsakts heben das durch ihn geschaffene Rechtsverhältnis wieder auf; ein abändernder Verwaltungsakt verändert es bzw. schafft ein neues. Der Satz, daß ein Verwaltungsakt ein Rechtsverhältnis begründe, aufhebe oder ändere[71] ist — so ver-

---

[67] §§ 72, 73 VwGO.
[68] Dies verkennt das OVG Lüneburg DÖV 1953, S. 92 (Nr. 61): „Die in dem Wesen eines jeden Verwaltungsakts begründete Beziehung... zwischen der den Akt erlassenden Hoheitsstelle und der Stelle, der er ‚bekannt geworden' (§ 45 MRVO 165) ist, kann jedenfalls nur als Rechtsverhältnis qualifiziert werden."
[69] Die Rechtsfolge — und damit die Funktion des ihr zugeordneten hoheitlichen Subjekts — ist natürlich je nach Regelungsgehalt des Verwaltungsakts verschieden; dazu im einzelnen Hans J. Wolff VerwR I § 47 S. 272 ff.
[70] Für den sogenannten statusbegründenden Verwaltungsakt (etwa eine Beamtenernennung) — entsprechendes gilt für den statusbegründenden Rechtssatz — gilt dies strenggenommen nicht. Zwar wird er als rechtsgestaltender zugleich als rechtsverhältnisbegründender schlechthin angesehen (vgl. Volkmar S. 139). Tatsächlich werden aber nicht durch den Verwaltungsakt, sondern durch die den Status ausgestaltenden Rechtssätze Rechte und Pflichten (des Statusinhabers) und somit Rechtsverhältnisse begründet. Daß jemand beispielsweise ‚Beamter' oder ‚Deutscher' ist, ist lediglich als tatbestandliche Voraussetzung jener Rechtssätze anzusehen. (Richtig: Löwenberg, Die Geltendmachung von Geldforderungen im Verwaltungsrecht S. 44). Es ist auch ungenau, ihn als „Quelle" zukünftiger Rechtsverhältnisse zu bezeichnen, wie W. Jellinek in DRZ 1948, S. 272 es tut. (Vgl. die Nachweise bei A. Naumann, Dissertation S. 234 ff. und G. Kreutziger, Dissertation S. 73 ff.). Da der Status aber im beschriebenen Sinne Inbegriff einer Fülle von Rechtsverhältnissen ist, sollte er als Rechtsverhältnis, die ihn begründende Regelung — der Verwaltungsakt oder Rechtssatz — als Rechtsverhältnis begründende Regelung angesehen werden. So spricht das VG Frankfurt in einem Urteil vom 23. 5. 1961 (NJW 1962, S. 696) davon, daß die sich aus der persönlichen Rechtsstellung „ergebenden Rechtsbeziehungen... den eigentlichen Rechtsverhältnissen derart angenähert (seien), daß auch bei ihnen die Feststellungsklage zuzulassen ist". Vgl. noch Bergmann, Dissertation S. 96 und dagegen Hasselbach, Dissertation S. 27.
[71] Eyermann-Fröhler § 43 Rz. 8 und sämtliche VwGO-Kommentare; van Gelder JuS 1965, S. 89; Fr. Müller ZMR 1953, S. 226 m. N.; Bergmann, Dissertation S. 100.

standen — zutreffend. Seine isolierte Hervorhebung vermittelt jedoch ein falsches Bild von der Bedeutung des Verwaltungsakts als Begründung eines Rechtsverhältnisses i. S. d. § 43 Abs. 1 VwGO. Dies zeigt eine nähere Betrachtung der Rechtsgrundlagen des Verwaltungsakts.

β) *Das dem Verwaltungsakt vorgängige Rechtsverhältnis*

Ein Verwaltungsakt ergeht nicht aus dem Unbedingten eines souveränen Rechtssetzers, sondern stets nach den in höherrangigem Recht gesetzten Bedingungen. Die Strenge dieser Bedingungen ist unterschiedlich je nach Art und Wirkungsweise des bedingten Hoheitsakts: entweder muß dieser ihnen bis ins einzelne entsprechen[72], oder er darf ihnen lediglich nicht widersprechen[73]. In jedem Fall ist der Verwaltungsakt abhängige Rechtssetzung[74]; er bedarf als Mittel obrigkeitlicher Eingriffsverwaltung — wo er als belastender ge- oder verbietender Verwaltungsakt erscheint — einer Ermächtigungsnorm, die ihm Berechenbarkeit gibt. Auch im Rahmen der Leistungsverwaltung — die im vorliegenden Zusammenhang weniger bedeutsam ist — beruht er regelmäßig auf positiven Normierungen, immer auf weitreichenden negativen Abgrenzungen, deren bedeutsamste Art. 3 GG ist[75].

Sind also die Voraussetzungen des ermächtigenden Rechtssatzes erfüllt, so kann bzw. muß die Verwaltungsbehörde den Eingriffsakt als Rechtsfolge erlassen, so trifft den Adressaten die Verpflichtung, ihn zu dulden oder ihm zu gehorchen. Ähnlich ist die Verwaltungsbehörde — liegen die Voraussetzungen eines begünstigenden Rechtssatzes vor — verpflichtet, regelmäßig auf Verlangen des Berechtigten[76], den begünstigenden Verwaltungsakt zu erlassen[77].

Zurechnungssubjekt der Ermächtigungsnorm ist der — abstrakt bezeichnete — Adressat der Regelung, Zuordnungssubjekt ihr Anwender, d. h. die Körperschaft, deren Behörde für den Erlaß des Einzelaktes zuständig ist. Zwischen beiden besteht also aufgrund der Ermächtigungs-

---

[72] So die belastenden Verwaltungsakte der Eingriffsverwaltung: für alle Hans J. Wolff VerwR I § 47 VI S. 275.

[73] So regelmäßig nach h. M. die begünstigenden Verwaltungsakte in der Leistungsverwaltung. Vgl. Hans J. Wolff VerwR I § 47 VI S. 275.

[74] Vgl. Löwenberg, Die Geltendmachung von Geldforderungen im Verwaltungsrecht S. 95.

[75] Dies muß jedenfalls gelten, wenn zu ihnen Richtlinien und ähnliche Verwaltungsvorschriften — für die Art. 3 GG die Rolle eines Transformators spielt — gezählt werden. Vgl. W. Schmidt, Gesetzesvollziehung durch Rechtssetzung, sowie F. Ossenbühl, Verwaltungsvorschriften und Grundgesetz. Darum hat auch die ‚Gnade' im juristischen Verstand mit dem theologischen Begriff nichts zu tun. Auf sie kann es einen Anspruch geben. Anders nach BVerfG NJW 1969, S. 1895.

[76] Vgl. Hans J. Wolff VerwR I § 47 m. w. N.

[77] Vgl. auch Haueisen DVBl. 1959, S. 793.

B. Die inzidente Normenkontrolle durch Feststellungsklage

norm eine Beziehung von Rechten und Pflichten, ein Rechtsverhältnis[78]. Dies gilt für Ermächtigungsrechtssätze jedweder Struktur, gleichgültig, wie zwingend die Rechtsfolge ist und wie weit der Kreis der Adressaten[79]. Wenn immer aufgrund eines Rechtssatzes gegen ein bestimmtes Rechtssubjekt ein Eingriffsakt ergehen *kann*[80], besteht zwischen ihm und dem Anwender ein Rechtsverhältnis[81]. Hier im Sinne der Unterscheidung von Pflicht und Pflichtigkeit[82] auf seiten des Adressaten nur eine Pflichtigkeit zu sehen, der auf seiten der Verwaltung das Recht, eine Pflicht zu begründen, entspreche, hat jedenfalls für die Frage, ob durch die Norm ein Rechtsverhältnis begründet wird, keine Bedeutung. Was als Pflichtigkeit bezeichnet wird, ist das Duldenmüssen des Adressaten, dem das Auferlegendürfen der Verwaltung entspricht; also eine — auch durch begriffliche Verfärbungen von Pflicht in Pflichtigkeit nicht hinwegzudiskutierende — Wechselbeziehung von Dürfen und Müssen, die das Rechtsverhältnis auszeichnet[83].

Der Verwaltungsakt begründet mithin nicht nur ein Rechtsverhältnis, hebt es auf oder ändert es, er beruht auch auf einem Rechtsverhältnis: dem vom ermächtigenden Rechtssatz erzeugten[84].

---

[78] R. Naumann, in: Jellinek-Gedächtnisschrift S. 391 (397, 399) spricht davon, daß ein „besonders" konkretes Rechtsverhältnis nach Erlaß eines Verwaltungsakts bestehe, vorher „aber auch schon" ein Rechtsverhältnis vorliege. Dieses Denken in Konkretisierungsquantitäten verkennt den Strukturunterschied beider Rechtsverhältnisse.

[79] Reiches Beispielmaterial bei Lorenz, Dissertation S. 52 ff.

[80] Bei der Feststellung eines bestimmten Rechtsverhältnisses kann nicht außer Ansatz bleiben, welche Ausübung des Ermessens rechtmäßig wäre oder ist. Vgl. Ress, Die Entscheidungsbefugnis in der Verwaltungsgerichtsbarkeit S. 248 f. Zu der schwierigen Frage des Ermessens der Verwaltung und der Normativität der Ermessensrichtlinien, der Verhältnisses von Ermessen und unbestimmter Rechtsfolge, Ermessen und unbestimmtem Tatbestand vgl. W. Schmidt, Gesetzesvollziehung durch Rechtssetzung, bes. S. 149 ff.

[81] Alles andere ist eine Frage der „Streitigkeit" i. S. d. § 40 VwGO bzw. des Rechtsschutzbedürfnisses. Behauptet die Verwaltung, sie könne die Rechtsfolge gerade auf diesen bestimmten Bürger anwenden, und bestreitet der Bürger dies, so ist ein Rechtsverhältnis streitig.

[82] Jellinek VerwR S. 191—193 und im Anschluß daran die h. M.

[83] Renck JuS 1966, S. 273 (277) sagt zu Recht: „Es wird das Geheimnis dieser Rechtsprechung bleiben, warum der Bürger nur durch die Pflicht und nicht durch die Pflichtigkeit betroffen wird." Konsequent wäre die h. M., wenn sie einzig den Verwaltungseinzelakt als Rechtsverhältnis begründende Regelung anerkennte; es ist nämlich nicht einzusehen, weshalb eine sogenannte Pflichtigkeit dadurch zur Pflicht (als notwendiger Voraussetzung eines Rechtsverhältnisses) werden soll, daß die Verwaltung droht, sie zur Pflicht zu machen.

[84] Eine deutliche Herausarbeitung dieser Struktur erübrigt Rencks vage Überlegungen (NJW 1965, S. 1795), „ob sich das Problem des Rechtsverhältnisses nicht schon früher stellt, nicht ob das Rechtsverhältnis eine Funktion des Verwaltungsakts, sondern umgekehrt der Verwaltungsakt eine Funktion des Rechtsverhältnisses ist". Vgl. noch v. Turegg MDR 1952, S. 151 und Löwenberg, Die Geltendmachung von Geldforderungen im Verwaltungsrecht S. 42 ff.

γ) Die Feststellbarkeit dieser Rechtsverhältnisse i. S. d. § 43 VwGO

Diese Erkenntnis ist nicht neu[85]; wichtiger — und bislang vernachlässigt[86] — ist indes die Untersuchung, ob und inwieweit die im Kräftefeld des Verwaltungsakts aufgefundenen Rechtsverhältnisse — das von ihm begründete und das ihm vorgängige — solche im Sinne der verwaltungsgerichtlichen Feststellungsklage sind.

αα) Inzidentfeststellung von Nichtigkeit oder Wirksamkeit eines Verwaltungsakts

Ein durch Verwaltungsakt begründetes Rechtsverhältnis ist gegeben, wenn der Verwaltungsakt wirksam, es ist nicht gegeben, wenn er nichtig ist. Wird Klage auf Feststellung des Bestehens oder Nichtbestehens eines durch Verwaltungsakt begründeten Rechtsverhältnisses erhoben, so hängt die gerichtliche Entscheidung von der inzident zu überprüfenden Wirksamkeit des Verwaltungsakts ab[87]. Entsprechendes gilt, wenn behauptet wird, daß ein *bestimmtes* Rechtsverhältnis aufgrund dieses Verwaltungsakts nicht bestehe (oder bestehe), also sein Regelungs*inhalt* umstritten ist[88].

Eine Klage auf Feststellung, daß ein Rechtsverhältnis aufgrund eines bestimmten Verwaltungsakts nicht bestehe, ist ohne Bedeutung. Nach § 43 Abs. 1 2. Alt. kann auf Feststellung der Nichtigkeit eines Verwaltungsakts geklagt und somit eine prinzipale Entscheidung über den Verwaltungsakt herbeigeführt werden[89].

Wichtiger ist die Möglichkeit, eine Klage auf Feststellung zu erheben, daß ein bestimmtes Rechtsverhältnis aufgrund eines Verwaltungsakts bestehe[90]. Im Gegensatz zur Feststellung der Nichtigkeit eines Verwal-

---

[85] Deutlich z. B. bei Fenge DÖV 1956, S. 392.
[86] Schon dadurch, daß das dem Verwaltungsakt vergängige Rechtsverhältnis regelmäßig als bloßer „Rechtszustand" abgetan wird, vgl. etwa Redding DÖV 1956, S. 388 f. Oder indem dem Kläger eine Wahlmöglichkeit zwischen beiden eingeräumt wird, so Fenge DÖV 1956, S. 392.
[87] So hessischer VGH MDR 1950, S. 374 mit insoweit zustimmender Anm. von Bachof; OVG Münster ZMR 1953, S. 262. Brauer MDR 1951, S. 457. A. A. wohl Lerche DÖV 1954, S. 712 f., der meint, daß auch durch nichtigen Verwaltungsakt ein Rechtsverhältnis entstehe.
[88] Vgl. LVG Minden DVBl. 1951, S. 448 (Umfang einer Apothekenkonzession); OVG Lüneburg DÖV 1953, S. 92 (Nr. 61).
[89] Ob dadurch die inzidente Nichtigkeitsfeststellung des Verwaltungsakts nach § 43 Abs. 1 1. Alt. ausgeschlossen ist — wie Kl. Müller, Dissertation S. 57 und Ress, Die Entscheidungsbefugnis in der Verwaltungsgerichtsbarkeit S. 87 anzunehmen scheinen — ist bedeutungslos und kann dahinstehen.
[90] Dies ist bei den statusbegründenden Verwaltungsakten wichtig, da die allgemein bejahte Zulässigkeit einer Klage auf Feststellung des Bestehens etwa eines Beamtenverhältnisses sich nur begründen läßt, wenn die Wirksamkeit des Ernennungsaktes inzident überprüft werden kann. Anderes gilt selbstverständlich, wenn ein Erlöschenstatbestand behauptet wird. Als unhaltbar erweist sich jedenfalls die Ansicht Bergmanns, VerwArch 49 (1958), S. 333 (342),

B. Die inzidente Normenkontrolle durch Feststellungsklage

tungsakts ist seine Wirksamkeitsfeststellung in § 43 Abs. 1 VwGO nicht geregelt[91]. Da weder der Verwaltungsakt noch seine Wirksamkeit ein Rechtsverhältnis ist, läßt sich die Wirksamkeit eines Verwaltungsakts nicht nach § 43 Abs. 1 VwGO feststellen. Die Auffassung, die Regelung der Nichtigkeitsfeststellung in § 43 Abs. 1 VwGO sei lediglich gesetzgeberische Klarstellung[92] nach langem Theorienstreit[93] und die Feststellung der Wirksamkeit eines Verwaltungsaktes deren ebenso zulässige Kehrseite, läßt sich deshalb nicht halten[94]. Sie übersieht die Unterscheidung von prinzipaler und inzidenter gerichtlicher Kontrolle eines hoheitlichen Rechtsakts[95]. Inzident läßt sich die Wirksamkeit eines Verwaltungsakts ohne weiteres über § 43 Abs. 1 VwGO feststellen[96].

ββ) Der Verwaltungsakt als verbindliche Feststellung des ihm vorgängigen Rechtsverhältnisses

Gegenüber dem vorgängigen, auf dem Ermächtigungsrechtssatz beruhenden Rechtsverhältnis hat der Verwaltungsakt die Funktion verbindlicher Feststellung durch die Verwaltungsbehörde. Diese Verbindlichkeit ist eine — zumindest potentiell — endgültige. Denn auch wenn die Feststellung tatsächlich nicht rechtens ist, so bleibt der Verwaltungsakt doch verbindliche Rechtsetzung für einen Einzelfall, solange als nicht die Behörde selbst oder aber ein Gerichtsurteil ihn beseitigt hat. Es bestimmt also der wirksame — rechtmäßige oder rechtswidrige — Verwaltungsakt, nicht mehr der zugrundeliegende Rechtssatz, was für seinen Adressaten verbindlich ist[97].

---

man könne gleich auf Feststellung des Bestehens des ganzen Beamtenverhältnisses klagen, statt „den die Kündigung aussprechenden Verwaltungsakt anzufechten".

[91] Deshalb ist sie aber nicht — wie Renck NJW 1965, S. 1791 ff. meint — ungeklärt; da nämlich nicht zugelassen, ist sie unzulässig.

[92] z. B. Renck NJW 1965, S. 1795; Eyermann-Fröhler Rz. 8 zu § 43.

[93] Dazu Lerche DVBl. 1952, S. 396; ders. DÖV 1954, S. 714; Bergmann, Dissertation S. 252; der Streit zeichnet sich durch eine geradezu spätscholastische Spitzfindigkeit aus: vgl. etwa die Argumente bei Lorenz, Dissertation S. 146.

[94] Renck NJW 1965, S. 1793—1795 will die Wirksamkeitsfeststellung auf dem Umweg über die Rechtmäßigkeitsfeststellung — die parallel zu § 113 Abs. 1 S. 4 zulässig sein soll — ermöglichen. Er übersieht, daß Rechtswidrigkeit nicht Unwirksamkeit bedeutet.
Richtig hingegen Ress, Die Entscheidungsbefugnis in der Verwaltungsgerichtsbarkeit S. 87 Fußn. 43.

[95] Dies wird auch deutlich in mancher unklar formulierten Urteilsbegründung, etwa LVG Rheinland-Pfalz VerwRspr 6 Nr. 35, S. 162; OVG Münster DVBl. 1951, S. 145. Unklar auch Schoen DÖV 1951, S. 393, nach dem die Feststellungsklage auch bei Zweifeln eines Begünstigten über die Wirksamkeit einer Verfügung möglich sein soll.

[96] Dies klingt an in einem Urteil des OVG Münster DÖV 1959, S. 711, das allerdings bezüglich der Verfahrensmöglichkeiten bei erledigtem Verwaltungsakt nur wenig befriedigende Ausführungen macht. Vgl. die Kritik bei van Gelder JuS 1965, S. 89.

[97] Dieses rechtsetzende Eigengewicht des verbindlichen Verwaltungsakts

Es kommt dabei nicht darauf an, ob die Verbindlichkeit des Verwaltungsakts schon eine endgültige ist, d. h. Widerspruchs- und Anfechtungsfrist verstrichen sind, und auch nach den allgemeinen verwaltungsrechtlichen Vorschriften ein Anspruch des Betroffenen auf Rücknahme des rechtswidrigen belastenden Verwaltungsakts nicht mehr besteht[98]; und ob — wofür vieles spricht[99] — die endgültige Verbindlichkeit die Rechtswidrigkeit ausschließt und den Verwaltungsakt rechtmäßig werden läßt: denn nach § 43 Abs. 1 VwGO wird auf Feststellung dessen geklagt, was rechtens verbindlich ist — gleichgültig, ob rechtmäßig oder rechtswidrig[100]. Alles andere ist unter dem Gesichtspunkt des *Rechts*schutzes für einen bestimmten raumzeitlich abgegrenzten Fall unerheblich. Die vom wirksamen Verwaltungsakt getroffene Regelung ist aber nach allgemeinem Verwaltungsrecht[101] — und somit rechtens — verbindlich; ist sie ergangen, so beruht nur noch auf ihr, nicht mehr auf dem ermächtigenden Rechtssatz ein Rechtsverhältnis i. S. d. § 43 Abs. 1 VwGO[102]. Das durch den Verwaltungsakt begründete Rechtsverhältnis löst das auf der Ermächtigungsnorm beruhende als dessen verbindliche Feststellung ab[103]. Dies kann natürlich nur gelten, soweit der Verwaltungsakt regelt, d. h. für den jeweiligen Fall[104].

---

verkennt Renck NJW 1965, S. 1795; richtig Löwenberg, Die Geltendmachung von Geldforderungen im Verwaltungsrecht S. 44 ff. Vgl. auch Renck JuS 1965, S. 129 (132).

[98] Dazu Maurer DÖV 1966, S. 477 ff.; vgl. auch Menger, in: Staatsbürger und Staatsgewalt Bd. 2 S. 427 (436).

[99] Dies für den rechtswidrigen *begünstigenden* Verwaltungsakt nachgewiesen zu haben, ist das Verdienst von Menger/Erichsen VerwArch 60 (1969), S. 380. Wenn und soweit er wegen des Vertrauensgrundsatzes unwiderruflich ist, akzeptiert ihn die Rechtsordnung, was widerspruchslos nur möglich ist, wenn er durch diese „Annahme" selbst rechtens wird. Für den rechtswidrigen *belastenden* Verwaltungsakt muß — da auch er von der Rechtsordnung „angenommen" wird, und zwar nicht durch den Vertrauensgrundsatz, sondern das verfassungskräftige Rechtssicherheitsprinzip vermittelt — dasselbe jedenfalls dann gelten, wenn nach den Regeln des Allgemeinen Verwaltungsrechts eine Rücknahmepflicht nicht (mehr) besteht.

[100] Wobei bisher der Frage zu wenig Beachtung geschenkt ist, ob nicht die Formel vom „rechtswidrig-(endgültig) verbindlichen Verwaltungsakt" widersprüchlich ist. Woher soll eine Regelung ihre Verbindlichkeit schöpfen, wenn nicht aus dem Recht; muß nicht etwas Verbindliches rechtens sein?

[101] Wie auch aus den Fristenregelungen der VwGO — namentlich den §§ 70, 74 — zu entnehmen ist.

[102] In diesem Sinne müssen die Ausführungen Mengers, System S. 225 und 232, verstanden werden: „In den ursprünglichen Verwaltungsstreitsachen wird nämlich die etwa in Frage gestellte Verwaltungsentscheidung als Tatsache in den Prozeß eingeführt und nicht als Entscheidung einer ‚Vorinstanz'." ... „Das Verwaltungsgericht (muß) auf eine Feststellungsklage hin von der Wirksamkeit des Verwaltungsakts ausgehen."

[103] Das übersieht das BVerwG in seinem Urteil vom 30. 3. 1966 (JuS 1967, S. 92). In dem dort entschiedenen Fall wäre eine Klage nach § 43 Abs. 1 VwGO nur mit dem Antrag zulässig gewesen, festzustellen, daß die Behörde nicht berechtigt ist, einen die Bewilligung der Fürsorgeunterstützung widerrufenden Verwaltungsakt zu erlassen. Dabei wäre der Bewilligungsbescheid, dessen

B. Die inzidente Normenkontrolle durch Feststellungsklage 45

Die Frage, ob aufgrund der Norm ein Verwaltungsakt erlassen werden durfte, bzw. der Adressat seinen Erlaß dulden mußte, ist — wenn und soweit mit ihm inzwischen ein Akt verbindlicher Rechtsetzung durch die Verwaltung erfolgt ist — also irrelevant. Sie kann nicht mehr ein Rechtsverhältnis zwischen Adressaten und Normanwender — dies ist endgültig vergangen[105] —, sondern nur noch die Rechtmäßigkeit des Verwaltungsakts betreffen[106]: diese ist indes kein Rechtsverhältnis. Ihre Feststellbarkeit richtet sich nicht nach § 43 Abs. 1, sondern nach — möglicherweise in Analogie zu — § 113 Abs. 1 S. 4 VwGO[107].

Rechtswidrigkeit eine Voraussetzung seiner Widerruflichkeit ist, nur inzident auf seine Rechtswidrigkeit untersucht worden. Nach Erlaß des widerrufenden Verwaltungsakts gibt es indes nur die Anfechtungsklage, nicht aber eine Klage auf Feststellung der Rechtswidrigkeit des Widerrufsbescheids. Auch wenn — wie bei den Nichtveranlagungssteuern etwa — die normierte Rechtsfolge durch bloße Erfüllung des Tatbestandes eintritt, wird dennoch das auf ihr beruhende Rechtsverhältnis abgelöst, *wenn* ein Verwaltungsakt zur Applizierung der Rechtsfolge ergeht. A. A. wohl Löwenberg, Die Geltendmachung von Geldforderungen im Verwaltungsrecht S. 45, 47.

[104] Die Regelungswirkung eines Verwaltungsakts kann nicht über den geregelten raumzeitlich abgegrenzten Fall hinausreichen. Deshalb steht bei sich wiederholenden Gebührenbescheiden der Polizei wegen der wiederholten Bewachung von Posttransporten (OVG Hamburg Urteil vom 26. 1. 1952 Bf. II 94/51, wiedergegeben bei A. Naumann Dissertation S. 336 f.) einer Feststellungsklage, die diese Frage sozusagen im Grundsatz klärt, nichts entgegen; bezüglich der noch nicht durch Gebührenbescheid geregelten zukünftigen Fälle nämlich ist das auf der Ermächtigungsnorm beruhende, dem Gebührenbescheid vorgängige Rechtsverhältnis offen. Die Klage könnte nur am mangelnden Rechtsschutzbedürfnis scheitern: nach Lüke JuS 1967, S. 1 umfaßt die Anfechtungsklage „der Sache nach das Begehren, die Verwaltungsbehörde zu verurteilen, den gleichen rechtswidrigen Eingriff auch in Zukunft zu unterlassen". Vgl. H. Schmidt DÖV 1962, S. 493.

[105] Für Fenge DÖV 1956, S. 392 (393) „interessiert" nur das dem Verwaltungsakt vorgängige Rechtsverhältnis.

[106] Deshalb kann nur noch der Verwaltungsakt materiellrechtlicher Anknüpfungspunkt für die prozeßrechtliche Behandlung des von ihm geregelten Falles und somit für die Wahl der richtigen Klageart ausschlaggebend sein. Deshalb ist ein vergangenes Rechtsverhältnis nicht nach § 43 Abs. 1 VwGO feststellbar. Der Streit über diese Frage kann nur auf einem Mißverständnis beruhen. (Vgl. dazu die Dissertationen von Bergmann S. 102, 132; A. Naumann S. 159; Lorenz S. 76 Fußn. 1; Kl. Müller S. 31 ff.). Die Formel, vergangene Rechtsverhältnisse seien i. S. v. § 43 Abs. 1 VwGO feststellbar, soweit sie noch Wirkungen in der Gegenwart hätten (so etwa BVerwGE 2, S. 229; OVG Münster DÖV 1954, S. 439; Eyermann-Fröhler § 43 Rz. 6 mit zahlreichen Nachweisen) übersieht, daß Rechtswirkungen nur aufgrund einer rechtlichen Regelung möglich sind und darum Streitgegenstand nicht ein vergangenes, sondern ein — auf dieser rechtlichen Regelung beruhendes — gegenwärtiges Rechtsverhältnis ist. Zumeist wird es sich um eine Schadensersatznorm handeln, zu deren Tatbestandsvoraussetzungen die Rechtswidrigkeit des Verwaltungsakts gehört. Vgl. etwa Haueisen NJW 1952, S. 913 (915). Gar nicht von einem vergangenen, sondern von einem zukünftigen Rechtsverhältnis spricht OVG Münster DVBl. 1959, S. 713 Leitsatz 2.

[107] Damit ist eine fugenlose Abgrenzung von § 113 Abs. 1 S. 4 und § 43 Abs. 1 erreicht: Prinzipal läßt sich die Rechtswidrigkeit eines Verwaltungsakts ausschließlich nach § 113 Abs. 1 S. 4 VwGO feststellen. — Inzident auch über § 43 Abs. 1 VwGO unter der Voraussetzung, daß die Rechtswidrigkeit

2. Kap.: Rechtsschutz gegen Normen durch die Feststellungsklage

Im Regelungsbereich des Verwaltungsakts gibt es also nur noch das von ihm begründete — oder nicht begründete — Rechtsverhältnis. Das aber bedeutet, prozessual gesehen, folgendes: Der Antrag, mit dem die Feststellung des Bestehens oder auch des Nichtbestehens eines Rechtsverhältnisses begehrt wird, bedarf zu seiner Bestimmtheit[108] der Angabe der rechtlichen Regelung — des Verwaltungsakts, der Norm oder des Vertrags —, aufgrund derer ein Rechtsverhältnis bestehen soll oder nicht soll bestehen können. Ohne diese Angabe wäre auch der Streitgegenstand der Feststellungsklage nicht ausreichend bezeichnet[109]. Hinzukommen muß die Bezeichnung des Sachverhalts, bezüglich dessen die Feststellung verlangt wird. Nach Erlaß eines Verwaltungsakts ist deshalb ein Feststellungsantrag, mit dem das Bestehen oder Nichtbestehen eines Rechtsverhältnisses aufgrund der Ermächtigungsnorm bezüglich des durch Einzelakt geregelten Sachverhalts begehrt wird, unzulässig: die klägerische Behauptung beträfe nämlich kein Rechtsverhältnis[110]. Nach Erlaß eines Verwaltungsakts kann zulässig nur auf

---

des Verwaltungsakts Tatbestandsvoraussetzung einer Rechtsnorm ist, die ein öffentlich-rechtliches Rechtsverhältnis zu begründen vermag. Da es sich jedoch regelmäßig um Schadensersatznormen handelt, kommt nach § 40 Abs. 2 VwGO der Verwaltungsrechtsweg und § 43 Abs. 1 VwGO nicht in Frage, sondern nur der Zivilrechtsweg und § 256 ZPO.

Von vornherein nur über § 113 Abs. 1 S. 4 läßt sich die Rechtswidrigkeit eines erledigten Verwaltungsakts dann feststellen, wenn die Feststellung nicht wegen eines Rechtsverhältnisses — etwa zur Vorbereitung eines Schadensersatzprozesses — angestrebt wird, sondern z. B., um den eigenen guten Namen wieder herzustellen. (Beispiel: Auflösung einer Demonstration). Dieses Interesse reicht für den Antrag nach § 113 Abs. 1 S. 4 aus; für eine Klage nach § 43 Abs. 1 fehlte es hingegen an der Behauptung eines Rechtsverhältnisses. § 113 Abs. 1 S. 4 VwGO (gegebenenfalls analog) schafft also für eine ganz andere materiellrechtliche Lage eine eigenartige Antragsmöglichkeit, deren Ziel über § 43 Abs. 1 VwGO nicht zu erreichen ist.

[108] Vgl. § 82 VwGO.
[109] Vgl. § 82 VwGO.
[110] Den Ausführungen von Menger/Erichsen im VerwArch 57 (1966), S. 390 ff. kann deshalb nicht gefolgt werden. Dort heißt es in einer Kritik am Urteil des VGH Mannheim DVBl. 1966, S. 408, das ein Rechtsverhältnis aufgrund eines als Norm verstandenen Verkehrszeichens angenommen hatte: „Der Grund dafür liegt darin, daß die Regelung durch ein Verkehrszeichen ... eine Einzelfallregelung darstellt." ... „Ob hingegen diese Äußerung des VGH Mannheim noch überzeugend ist, wenn man ... ‚in verkehrsrechtlichen Anordnungen der zur Rede stehenden Art Rechtsnormen sieht'... (so VGH Mannheim DVBl. 1965, S. 610) ist fraglich." Gerade umgekehrt wird das Bestehen eines Rechtsverhältnisses bestritten und ist deshalb die Zulässigkeit einer Feststellungsklage zu bejahen, wenn es sich beim Parkverbotsschild um eine Rechtsnorm handelt. Schon wegen § 43 Abs. 2 käme andernfalls nur die Anfechtungsklage in Betracht. Das wird auch durch folgende Ausführungen derselben Autoren bestätigt (s. VerwArch 59 [1968], S. 180): „Eine Gestaltungsklage wird regelmäßig in Betracht kommen, wenn der Kläger die Feststellung begehrt, daß ein durch Verwaltungsakt aktualisiertes Rechtsverhältnis *nicht* bestehe. ... So lag es, wie das BVerwG nunmehr in seiner Entscheidung vom 9. 6. 1967 (Az.: VII C 18/66 — DVBl. 1967, S. 773 ...) zutreffend feststellte, in dem von uns früher besprochenen Fall der Parkrege-

B. Die inzidente Normenkontrolle durch Feststellungsklage 47

Feststellung des Bestehens oder Nichtbestehens eines auf ihm beruhenden Rechtsverhältnisses angetragen werden. Dies gilt auch für den nichtigen Verwaltungsakt; zwar vermag er nichts zu regeln und kann deshalb das ihm vorgängige Rechtsverhältnis nicht materiell ablösen, wohl aber entzieht er es der gerichtlichen Feststellbarkeit[111]: prozessual gilt insoweit für den nichtigen Verwaltungsakt nichts anderes als für den wirksamen[112].

γγ) § 43 Abs. 2 VwGO und die strukturelle Unterscheidung von Anfechtungs- und Feststellungsklage

Ohne bislang die Regelung des § 43 Abs. 2 VwGO beachtet zu haben, ergibt sich somit eine klare, an den materiellrechtlichen Anknüpfungspunkten der Klagearten orientierte Abgrenzung der Feststellungs- von der Anfechtungsklage[113]. Die beiden Klagen sind einander ausschließenden materiellrechtlichen Strukturen zugeordnet[114] und dadurch selbst als strukturell unterschieden gekennzeichnet[115]. Wenn immer eine Anfechtungsklage nach § 42 VwGO möglich ist oder war, läßt sich ihr Ziel mittels einer Feststellungsklage nicht erreichen[116]; sie kann deshalb auch kein „Schleichweg" zu diesem Ziel sein[117].

---

lung vor dem Justizministerium in Stuttgart." [DVBl. 1966, S. 408]. Hier wird deutlich, daß der Begriff des Rechtsverhältnisses i. S. d. § 43 Abs. 1 VwGO unklar ist. Welches Rechtsverhältnis soll durch den Verwaltungsakt „aktualisiert" sein?

[111] Auf eine nähere Begründung kann verzichtet werden, da diese Fallgestaltung bedeutungslos ist. Angemerkt sei nur, daß eine solche Klage ein ungeeignetes Rechtsschutzmittel wäre, da bei Feststellung des Rechtsverhältnisses aufgrund der Ermächtigungsnorm Wirksamkeit oder Nichtigkeit des Verwaltungsakts durchaus im ungewissen blieben, woran auch das Nichtigkeitskriterium der „schweren und offenkundigen Rechtswidrigkeit" (vgl. Böckenförde, Die sogenannte Nichtigkeit verfassungswidriger Gesetze S. 24 f.; Hans J. Wolff VerwR I § 51 III S. 297 ff.) nichts zu ändern vermag, da die Nichtigkeit im Streitfalle per definitionem wenigstens einem Beteiligten nicht evident ist.

[112] Vgl. auch Böckenförde a.a.O. S. 25.

[113] An der es weithin fehlt: vgl. Menger VerwArch 53 (1962), S. 83.

[114] Diese sich ergänzende Nebenordnung mag Menger VerwArch 48 (1957), S. 175 im Auge haben, wenn er kritisiert, daß übersehen werde, „daß die Feststellungsklage im System der verwaltungsgerichtlichen Klagearten kein atypischer Fall ist".

[115] Dies entspricht der von Menger, System S. 224 ff. und S. 237 ff. gefundenen Unterscheidung in ursprüngliche und nachträgliche Verwaltungsstreitsachen (vgl. ders. in: Die Grundrechte III/2 S. 765 ff.). Nicht recht verständlich ist, wie Renck NJW 1965, S. 1794 dagegen die These stellen kann: „In Über- und Unterordnungsverhältnissen sind ... Feststellungsklagen unbeschränkt zulässig." Das wird von Menger (vgl. System S. 231) nicht bestritten. Daß Renck Mengers Analyse nicht richtig verstanden hat, zeigt die Tatsache, daß er zur Stützung seiner These das Urteil des BVerwG vom 30. 3. 1966 — JuS 1967, S. 92 — anführt. — Vgl. dazu Fußn. 103.

[116] Davon, daß die Grenze zwischen Anfechtungsklage und Feststellungsklage „fließend" sei — wie Schoen DÖV 1951, S. 393 (398) meint — kann also nicht die Rede sein.

Angesichts der Formulierung des § 43 Abs. 2, wonach die Feststellung nicht begehrt werden kann, „soweit der Kläger seine Rechte durch Gestaltungsklage... verfolgen kann oder hätte verfolgen können", ist dieses Ergebnis überraschend. Der Meinungsstreit, welchen (konstitutiven) Regelungszweck die Vorschrift habe, erledigt sich mit der Erkenntnis, daß sie keinen hat[118]. Indes ist das Ergebnis nicht zufällig, sondern verwaltungsprozessualer Ausdruck eines Grundsatzes, der das Verhältnis von Rechtsprechung und Verwaltung bestimmt und schlagwortartig als Entscheidungsprärogative der Verwaltung bezeichnet werden kann. Danach ist die Verwaltung erste Rechtsanwenderin[119]: die Rechtsprechung hat die Rechtmäßigkeit der Anwendung nachzuprüfen, sie jedoch nicht selbst zu vollziehen[120]. Die Verwaltung nämlich — eine der Untergliederungen der Staatsgewalt im traditionellen Teilungsschema — ist durch ihre Bindung an Gesetz und Recht[121] von der Verfassung nicht nur mit einer Verpflichtung belegt, sondern mit eigener Autorität ausgestattet worden; aus ihr folgt die Verbindlichkeit ihrer formellen Entscheidungen. Prozessuale Konsequenz dieser Verbindlichkeit ist es, daß die verbindliche Verwaltungsentscheidung nur durch einen Richterspruch aus der Welt geschafft werden kann, der sie (prinzipal) betrifft. Wo im übrigen ein verwaltungsgerichtliches Verfahren nicht diese Entscheidung zum Gegenstand hat, sondern etwa ein ihr zugrundeliegendes oder aus ihr folgendes Rechtsverhältnis, ist die verbindliche Verwaltungsentscheidung auch für die Rechtsfindung des Gerichts verbindlich. Sie gehört zum objektiven Bestand der Rechtsordnung, an der das Verwaltungsgericht zu messen und zu finden hat.

---

[117] Damit ist die Befürchtung gegenstandslos, daß die Feststellungsklage „zur Umgehung einer unzulässig gewordenen Anfechtungsklage benutzt werden" könnte (so OVG Hamburg DVBl. 1965, S. 101). — Lorenz Dissertation S. 143 m. w. N.; es kann auch nicht die Funktion des § 43 Abs. 2 sein, dies zu verhindern (so aber Lerche, in: Staatsbürger und Staatsgewalt Bd. 2 S. 80 f.; Bergmann VerwArch 49 [1958], S. 343 Anm. 40).

[118] Das gilt jedenfalls, soweit die Gestaltungsklage angesprochen ist. — Zu den Meinungen vgl. etwa OVG Münster DVBl. 1950, S. 401 (noch für entspr. Regelung in MRVO 165); Bergmann Dissertation S. 60 f. m. w. N.; Kl. Müller Dissertation S. 53 (kein Problem des Rechtsschutzinteresses) und S. 54 Fußn. 21; Lorenz Dissertation S. 141 ff.

[119] Vgl. W. Schmidt, Gesetzesvollziehung durch Rechtsetzung S. 142.

[120] Damit ist nichts zur Zulässigkeit vorbeugender Klagen gesagt; die Betonung liegt insoweit auf der „*Rechtmäßigkeit*". Vgl. auch W. Schmidt, Gesetzesvollziehung durch Rechtsetzung S. 139 ff.; Menger, System S. 136: „Gegenstand einer Urteilfindung ist nicht der ursprüngliche Sachverhalt, sondern die unter Anwendung von Rechtssätzen erfolgte Gestaltung oder mindestens Bearbeitung jenes Sachverhalts." Vgl. noch Fleiner, Institutionen des Deutschen Verwaltungsrechts S. 267 (auch a.a.O. Fußn. 90).

[121] Art. 20 Abs. 3; Art. 1 Abs. 3 GG.

bb) Rechtsverhältnisse aufgrund von Normen

α) *Entstehung durch Tatbestandserfüllung oder durch Eintritt der Regelungswirkung?*

Mit der Ortsbestimmung des gesuchten Rechtsverhältnisses im Kräftefeld des mit Anspruch auf Verbindlichkeit ergangenen Verwaltungsakts ist die Grundlage für die Beantwortung der Fragen gelegt, ob auf allgemeinen Rechtssätzen Rechtsverhältnisse beruhen können.

Für jene Rechtssätze nämlich, die Ermächtigungsgrundlage für den Erlaß von Verwaltungsakten sind, wurde schon ausgeführt, daß sie zwischen dem Zurechnungs- und dem Zuordnungssubjekt ihrer Regelung Rechtsverhältnisse begründen. Sind die in der Tatbestandsseite der Norm abstrakt formulierten Voraussetzungen erfüllt, so bestimmt die Rechtsfolgeseite der Norm das Rechtsverhältnis zwischen demjenigen, der etwas anwenden, durchsetzen oder leisten muß oder kann und demjenigen, dem die Rechtsfolge zugerechnet wird. Dabei sind die der Verwirklichung der Rechtsfolge möglicherweise vorgeschalteten Vorschriften — insbesondere Ermessensrichtlinien für die Verwaltung — als zur Tatbestandsseite der Norm gehörig anzusehen. Eine weitere Konkretisierung — wie sie für die Entstehung des Rechtsverhältnisses gefordert wird — ist nicht vorstellbar. Vielmehr fragt sich, ob nicht schon dann aufgrund eines Rechtssatzes ein Rechtsverhältnis entsteht, wenn dieser — ganz allgemein gesprochen — seine Regelungswirkung zwischen den von der Regelung angesprochenen Subjekten entfaltet. Dies kann nämlich schon vor der lebenswirklichen Erfüllung seines abstrakten Tatbestandes der Fall sein.

αα) Das Problem des sogenannten Fortsetzungsrechtverhältnisses

Einmal ist dabei an die unter dem Stichwort „Fortsetzungsrechtsverhältnis" geläufige Figur zu denken; diese Hilfskonstruktion wird für jene Fälle von einem Teil der Rechtsprechung und Literatur herangezogen, in denen ein Tatbestand zwar in regelmäßigen Abständen erfüllt wird — und somit immer wieder ein „konkretes" Rechtsverhältnis entsteht —, es aber zu diesen Zeitpunkten jeweils für den Rechtsschutz schon zu spät ist[122]. Jedenfalls in solchen Fällen ist jedoch nicht atomisierend auf einzelne Tatbestandserfüllungen abzustellen; der Rechtssatz entfaltet hier seine Regelungswirkung durchgehend. Die Konstruktion eines sogenannten Fortsetzungsrechtsverhältnisses ist überflüssig.

---

[122] Vgl. das von Redding DÖV 1956, S. 388 wiedergegebene und kritisierte Urteil des OVG Hamburg vom 16. 6. 1954 (Bf. II 306/53); sowie BVerwG MDR 1957, S. 503; BVerwG DVBl. 1956, S. 135. Ablehnend auch Ule, Verwaltungsgerichtsbarkeit (1960) Anm. 2 a zu § 43 m. N. für die Gegenmeinung. Vgl. noch oben Fußn. 104.

ββ) Zukünftiges Rechtsverhältnis und vorbeugende Feststellungsklage

Deutlicher noch klärt sich das Gemeinte am Problem des zukünftigen Rechtsverhältnisses; es wird häufig mit dem der sogenannten vorbeugenden Feststellungsklage[123] verwechselt[124]. Beide meinen Verschiedenes: vorbeugend ist eine Feststellungsklage, wenn der Tatbestand einer Ermächtigungsnorm erfüllt sein soll und nun — um so einem drohenden belastenden Verwaltungsakt zu wehren — eine negative Klage erhoben wird auf Feststellung, daß aufgrund dieser Norm ein Rechtsverhältnis nicht bestehe. Da nach der bisherigen Untersuchung hier zweifelsfrei ein *Rechtsverhältnis* als nicht bestehend behauptet wird, ist diese Klage insoweit zulässig[125]. Ja, Vorbeugung in diesem Sinne erweist sich geradezu als die eigentliche Funktion der Feststellungsklage als eines ursprünglichen Verwaltungsstreitverfahrens[126]. Diese Zulässigkeit kann nur problematisch sein, was ihre Abgrenzung zu der — als Leistungsklage einzuordnenden[127] — Unterlassungsklage, wenn und soweit diese gegen Verwaltungsakte für zulässig gehalten wird[128], betrifft[129].

Mit dem *„zukünftigen Rechtsverhältnis"* ist hingegen folgendes gemeint: es wird nicht die tatbestandsmäßige Erfüllung eines Rechtssatzes behauptet, sondern lediglich, daß ein konkret bestehendes Vorhaben, eine geplante Handlung die Tatbestandsseite eines Rechtssatzes erfüllen und seine Rechtsfolge auslösen würde. Darin wird nicht die Behauptung eines gegenwärtigen, sondern eines zukünftigen nicht nach § 43 Abs. 1 VwGO feststellbaren Rechtsverhältnisses gesehen; hier sei nicht „die

---

[123] Vgl. dazu die Nachw. bei A. Naumann Dissertation S. 318 ff.; Wolfram Dissertation S. 19; W. Jellinek VVDStRL 2 (1925), S. 62 (Fall des Kieler Weltwirtschaftsinstituts); Bergmann DÖV 1959, S. 570 (572 f.) und Ress, Die Entscheidungsbefugnis in der Verwaltungsgerichtsbarkeit S. 225 (bes. Fußn. 424).

[124] Ein Beispiel für das terminologische Durcheinander gibt Bergmann Dissertation S. 84—86. Teils wird unter vorbeugender Feststellungsklage die auf ein sogenanntes zukünftiges Rechtsverhältnis gerichtete, teils diejenige verstanden, die zur Abwehr drohender Maßnahmen aus einem gegenwärtigen Rechtsverhältnis erhoben wird (vgl. Ruckdäschel DÖV 1961, S. 675 ff.; A. Naumann Dissertation S. 319 ff.).

[125] A. A. z. B. OVG Münster VerwRspr 9 Nr. 166, S. 769; OVG Hamburg VerwRspr 4 Nr. 78, S. 384; OVG Lüneburg DVBl. 1951, S. 609. Wie hier z. B. BVerwG DVBl. 1965, S. 364; W. Schäfer DVBl. 1960, S. 837 (842); Bräutigam DÖV 1960, S. 364 (allerdings alle nur bezüglich vorbeugender Unterlassungsklage).

[126] Auch die Verfechter ihrer Zulässigkeit sehen die vorbeugende Feststellungsklage als Ausnahmefall an; etwa R. Naumann, in: Jellinek-Gedächtnisschrift S. 403 ff. („statthaft, aber stets nur selten").

[127] Vgl. Haug DÖV 1967, S. 86 f. m. N.

[128] Dagegen etwa BVerwG MDR 1957, S. 503; OVG Hamburg MDR 1952, S. 186.

[129] Zur selbständigen Bedeutung beider Klagearten: Ruckdäschel DÖV 1961, S. 675 (679); R. Naumann, in: Jellinek-Gedächtnisschrift S. 390 ff.

B. Die inzidente Normenkontrolle durch Feststellungsklage

Anwendung einer Rechtsnorm auf einen bestimmten, bereits überschaubaren Sachverhalt"[130] streitig.

Dem kann nicht zugestimmt werden. Die Forderung, daß ein „bestimmter Sachverhalt" für ein „konkretes" Rechtsverhältnis vorliegen müsse, ist aus dem Bemühen zu erklären, rein theoretischen Streit von den Gerichten fernzuhalten[131], über ihn zu befinden kann ihre Aufgabe nicht sein. Nun entfaltet eine Norm ihre Regelungswirkung — zumindest deren Anschein — recht häufig schon vor der tatbestandlichen Erfüllung. Ja, diese wird — wenn sie etwa einen erheblichen finanziellen Aufwand, langfristige Dispositionen oder ähnliches erfordert — von einer verläßlichen Entscheidung über die umstrittene Auslegung oder Rechtmäßigkeit der Norm abhängig gemacht. Es geht hier also nicht um „bloße Rechtsfragen"; vielmehr wirft die — regelmäßig belastende — Rechtsfolge ihre Schatten voraus: sie regelt negativ. Von der Rechtsfrage, ob sie eintreten würde, hängt es in diesen Fällen ab, ob ein geplantes Vorhaben verwirklicht werden kann oder unterbleiben muß. Hier hat der fragliche Rechtssatz offenbar schon vor Tatbestandserfüllung Regelungswirkung für einen „real substantiierenden Sachverhalt[132]. Nur zu diesem Zeitpunkt ist effektiver Rechtsschutz — der auch wirtschaftliche Interessen berücksichtigen und übermäßige Risiken abnehmen muß — möglich[133]. Kann aber — jedenfalls grundsätzlich — auch dann auf einem Rechtssatz ein Rechtsverhältnis beruhen, wenn dessen Tatbestandsvoraussetzungen nicht erfüllt sind, so ist mit Sicherheit auszuschließen, daß die Verwirklichung eines tatbestandsmäßigen Sachverhalts konstitutiv für die Entstehung eines Rechtsverhältnisses i. S. d. § 43 Abs. 1 VwGO ist. Auch so verstanden betrifft die Rede von der Konkretisierung nicht den Begriff des Rechtsverhältnisses, sondern das Rechtsschutzbedürfnis, aus dem sie auch motiviert ist.

β) *Insbesondere: Rechtsverhältnis im Bereich der self-executing Norm*

Die Richtigkeit dieser Aussage erweist sich an jenen Rechtssätzen, um die es dieser Untersuchung vornehmlich geht: den sogenannten self-executing Normen. Sie entfalten ihre wesentliche Regelungswirkung nicht durch die Vermittlung einzelner Anwendungakte, sondern unmittelbar. Diese Unmittelbarkeit kann auf positiver Regelung be-

---

[130] So im Anschluß an BVerwG DVBl. 1963, S. 782 die meisten Kommentare zur VwGO. Vgl. etwa Redeker-v. Oertzen § 43 Anm. 5 — Bemerkenswert auch die dunkle Formulierung des OVG Lüneburg DVBl. 1951, S. 609, das vom Erfordernis eines „real substantiierenden Sachverhalts" spricht.
[131] „Losgelöst von jedem konkreten Streitfall" wie Friesenhahn HdDStR II S. 523 es ausdrückt.
[132] OVG Lüneburg DVBl. 1951, S. 609.
[133] Dem vom BVerwG (DVBl. 1964, S. 994; vgl. auch DÖV 1963, S. 480) für zulässig angesehenen Antrag auf Feststellung eines sogenannten Fortsetzungsrechtsverhältnisses liegt ja dieselbe Struktur zugrunde.

ruhen — wenn sie etwa dem Regelungsinhalt am besten entspricht[134] —; sie kann aber auch, und darüberhinaus, aus der besonderen Struktur einer self-executing Norm sich ergeben. In der Tat enthalten jene, die unter dem Gesichtspunkt des Rechtsschutzes von besonderer Wichtigkeit sind, voraussetzungslose Regelungen[135]. Ordnet etwa eine kommunale Satzung die Benutzung des gemeindlichen Schlachthofes oder der Müllabfuhr an, so sind keine besonderen Tatbestandsvoraussetzungen zu finden, bei deren Vorliegen das Gebot erst „aktualisiert" würde. Dabei darf die begriffliche Beschreibung des Ge- oder Verbotenen wie die der Adressaten der Vorschrift[136] nicht — was die terminologische Parallele im Strafrecht nahelegen könnte — mit Tatbestandsvoraussetzungen verwechselt werden.

Ähnlich voraussetzungslos wirkt etwa eine ministerielle Verordnung, die das Wasserskifahren auf einem bestimmten See untersagt[137] oder ein Parkverbot[138]. Diese normativen Regelungen legen ihren Adressaten also unvermittelt Pflichten auf — nur den Schlachthof zu benutzen, auf diesem See nicht Wasserski zu fahren, auf einer bestimmten Verkehrsfläche nicht zu parken —, sie berechtigen und verpflichten zugleich die zuständigen Behörden, auf die Einhaltung der Vorschrift zu achten und gegebenenfalls für ihre Durchsetzung zu sorgen[139]. Es bedarf weder eines konkretisierenden Einzelakts, noch ist eine Konkretisierung durch Tatbestandserfüllung vorstellbar. Daraus ist nicht der Schluß zu ziehen, daß aufgrund dieser „nur objektiven Rechtsvorschriften"[140] lediglich eine bloße Rechtslage bestehen könne[141]; oder gar, daß bei Annahme eines Rechtsverhältnisses aufgrund dieser Normen der Unterschied zwischen Einzelakt und Norm verwischt würde[142]. Vielmehr erweist sich die sogenannte Konkretisierung aufs Neue als für den Begriff des Rechtsverhältnisses nicht konstitutiv. Ohne sie schaffen diese Vorschriften eine Rechte- und Pflichtenbeziehung zwischen zwei Rechtssubjekten, d. h.: ein Rechtsverhältnis[143].

---

[134] So im Falle der Nichtveranlagungssteuern. Vgl. Löwenberg, Die Geltendmachung von Geldforderungen im Verwaltungsrecht S. 47.
[135] Vgl. dazu oben 1. Kapitel A.
[136] Zum Begriff des Adressaten: Volkmar, Allgemeiner Rechtssatz und Einzelakt S. 47 ff. und 139 ff.
[137] BVerwGE 26, S. 251.
[138] VGH Mannheim DVBl. 1966, S. 408.
[139] Regelmäßig, da die Vorschriften self-executing sind, nicht durch individuelle Applizierung ihres Regelungsgehalts, sondern etwa durch Verwarnungen, Festsetzung eines Zwangsgeldes oder andere der staatlichen Gewalt zu Gebote stehende Durchsetzungsmaßnahmen.
[140] Vgl. etwa Bergmann Dissertation S. 97.
[141] Etwa BVerwG DÖV 1965, S. 169.
[142] Wie Wilken in einer Kritik an Renck meint; DVBl. 1969, S. 532 (535, beachte Fußn. 45—47).
[143] So zutreffend etwa OVG Berlin Beschluß vom 21. 6. 1963 DVBl. 1963, S. 680; LVG Hannover Urteil vom 9. 8. 1951 DVBl. 1952, S. 381.

B. Die inzidente Normenkontrolle durch Feststellungsklage

Entsprechendes gilt für die in ihrem Rechtscharakter so umstrittenen sachbezogenen Normen[144]; dazu sind — neben den schon erwähnten amtlichen Verkehrszeichen nach §§ 3, 4 StVO[145] — vor allem Plannormen, in Sonderheit der örtliche Bebauungsplan zu zählen[146].

Auf Grund des Bebauungsplanes sind die generell bestimmten Adressaten[147] der einzelnen Regelungen zu plangemäßem Verhalten verpflichtet, die Bauaufsichts- oder sonst zuständigen Behörden berechtigt und verpflichtet, für die Verwirklichung des Plans u. a. dadurch zu sorgen, daß nicht planwidrig gebaut wird. Dennoch kann zu jeder Zeit — nicht etwa nur nach Antrag auf Erteilung einer Baugenehmigung oder nach Einleitung eines ähnlichen Vollzugsverfahrens[148] — das Bestehen oder Nichtbestehen eines Rechtsverhältnisses auf Grund einer solchen Planregelung behauptet oder bestritten werden.

Daß auf den self-executing, insbesondere den zuletzt erwähnten sachbezogenen Normen ein Rechtsverhältnis beruhen könne, wird mitunter bejaht[149]. Indes zeigt die Unsicherheit in der Bestimmung der Partner dieses Rechtsverhältnisses, wie wenig durchdacht auch hier dieser Begriff ist. Abwechselnd nämlich soll Partner des Normadressaten in diesem Rechtsverhältnis der Normerlasser[150] oder die geregelte Sache[151] sein. Die eine wie die andere Lösung ist falsch. Auch die self-executing Normen haben ein Zurechnungs- und Zuordnungssubjekt. Zwischen ihnen begründen sie ein Rechtsverhältnis. Zurechnungssubjekt ist der Normadressat[152]. Zuordnungssubjekt jene Körperschaft, deren Behörde

---

[144] Vgl. zu ihrer Problematik: Volkmar, Allgemeiner Rechtssatz und Einzelakt S. 176 ff.
[145] Volkmar a.a.O.
[146] Vgl. § 10 BBauG i. V. m. § 4 GO NRW. — Dazu Volkmar a.a.O. S. 184 ff.
[147] BVerwGE 3, S. 261 und Volkmar a.a.O., S.185, 189.
[148] Vgl. oben 2. Kapitel B I 1 b bb α.
[149] Nachweise bei Maurer S. 299 ff.; vgl. insbesondere LVG Hannover DVBl. 1952, S. 381.
[150] Z. B. Renck DÖV 1964, S. 651 (654); VGH Mannheim AöR 86 (1961) S. 95 und die insoweit zust. Anm. von Bachof AöR 86, S. 188 f. Wilken DVBl. 1969, S. 533 (535 Fußn. 47 a. E.) meint, daß die vom VGH Mannheim und Bachof vorgeschlagene Lösung nur einen Teilbereich der rechtsschutzbedürftigen Fälle umfasse.
[151] So wohl VGH Mannheim DVBl. 1966, S. 408; vgl. Menger/Erichsen VerwArch 57 (1966), S. 390 ff. — Maurer, der auf S. 300 f. gegen diese Lösungsvorschläge kritisch Stellung bezieht, meint, daß ja erst ein Streit provoziert werden müsse, um ein Rechtsverhältnis zu schaffen.
[152] Nach Schneider NJW 1964, S. 1297 besteht ein Rechtsverhältnis aufgrund eines Verkehrszeichens nur, wenn sich „ein Verkehrszeichen auf bestimmte Personen ... nachhaltiger auswirkt" und dergestalt sich „die (generelle) Rechtslage zu einem (konkreten) Rechtsverhältnis verdichtet...". Es ist jedoch jedermann verboten, z. B. an einer bestimmten Stelle zu parken.

die Regelung anzuwenden bzw. ihre Befolgung zu überwachen und durchzusetzen hat[153].

Hingegen ist es undenkbar, daß zwischen den Normadressaten und dem Gegenstand, bezüglich dessen die Norm eine Regelung trifft, ein Rechtsverhältnis bestehen kann. Ein Objekt kann nicht Partner eines Rechtsverhältnisses[154], sondern stets nur gegenständliches Substrat sein, in Ansehung dessen eine normative Regelung rechtliche Beziehungen zwischen Rechtssubjekten und damit Rechtsverhältnisse schafft[155]. Eine Regelung, die sich in bloßer Gegenstandsbeziehung erschöpft, ist nicht denkbar: eine Gegenstandsbeziehung nämlich wäre in dem Maße rechtlich irrelevant, als sie nicht Kurzformel für das gegenseitige Dürfen und Müssen von Rechtssubjekten in Ansehung dieses Gegenstandes ist.

Ebenso ist ein Rechtsverhältnis zwischen Normadressat und Normerlasser aufgrund der erlassenen Norm auszuschließen[156]. Denn was der Normerlasser gegenüber den Adressaten der Norm — also regelmäßig gegenüber den Bürgern, die durch ein Ge- oder Verbot verpflichtet werden sollen — kann oder darf, was umgekehrt der Normadressat vom Normerlasser erdulden muß, kann unmöglich am Regelungsgehalt der erlassenen Norm gemessen werden, sondern nur an höherrangigem Recht. Das sind in erster Linie jene Rechtssätze, die zum Erlaß der Norm ermächtigen.

Auch sie vermögen jedoch ein Rechtsverhältnis i. S. der verwaltungsgerichtlichen Feststellungsklage zwischen dem zur Normsetzung Ermächtigten und den Adressaten der niederrangigen Norm nicht zu begründen; dieser ist nicht Zurechnungssubjekt des ermächtigenden Rechtssatzes. Dessen Regelungsgehalt erschöpft sich vielmehr darin, mehr oder weniger genau[157] die Voraussetzungen festzulegen, unter denen eine Norm rechtens erlassen werden kann. Anders aber als der zum Einzelakt ermächtigende Rechtssatz normiert er nicht die Bedingungen eines individuellen Eingriffs, sondern lediglich einer generellen

---

[153] Vgl. Löwenberg, Die Geltendmachung von Geldforderungen im Verwaltungsrecht S. 40/41, der allerdings ungenau vom Normgeber, nicht vom Normexekutor spricht.
[154] Ebenso Rupp, Grundfragen der heutigen Verwaltungsrechtslehre S. 17 u. 166 ff. mit Nachweisen für Gegenmeinung; Ule, Verwaltungsgerichtsbarkeit § 43 Anm. 2 a; W. Jellinek VerwR S. 911; insbesondere noch: Quaritsch VerwArch 1960, S. 343.
[155] Vgl. Menger/Erichsen VerwArch 56 (1965), S. 383. „Es sind primär sachbezogene Maßnahmen im Hinblick auf ihren Rechtscharakter im öffentlichen Recht als durch die mittelbar angesprochenen Adressaten personal überdeterminiert anzusehen." A.a.O. S. 384 werden allerdings Gegenstände — Sachen oder Rechte — in den Adressatenbegriff mit hineingenommen.
[156] Womit auch das Problem R. Wilkens (DVBl. 1969, S. 532, 535) entfällt, ob eine Erstreckung der Rechtskraft ‚praeter legem' möglich sei.
[157] Zu denken ist hier vor allem an die nicht an Art. 80 GG gebundene Satzungsautonomie der Gemeinden.

Rechtsetzung und vermag deshalb nicht Grundlage eines — individuellen — Rechtsverhältnisses zu sein. Er bleibt verwaltungsintern[158].

Schließlich läßt sich auch zwischen dem zum Normerlaß ermächtigenden Gesetzgeber und dem Normerlasser ein Rechtsverhältnis i. S. d. § 43 Abs. 1 VwGO nicht konstruieren und dergestalt über die Feststellung eines Rechtsverhältnisses zwischen Dritten Rechtsschutz erlangen. Auch insoweit bleibt der Regelungsbereich der Ermächtigungsnorm intern und kann somit nicht zum Gegenstand einer Feststellungsklage als eines *Rechtsschutzverfahrens* gemacht werden[159].

cc) Rechtsverhältnisse aufgrund öffentlich-rechtlichen Vertrages

Gegenüber der bisherigen Untersuchung, die die beiden Formen öffentlich-rechtlicher Regelung, Einzelakt und allgemeinen Rechtssatz, betraf, ergibt sich für den öffentlich-rechtlichen Vertrag keine Besonderheit. Er begründet zwischen seinen Partnern ohne weiteres ein Rechtsverhältnis. Durch die Zuordnung von Einzelakt und allgemeinem Rechtssatz würde eine strukturelle Abgrenzung der verwaltungsgerichtlichen Klagearten, insbesondere von Anfechtungs- und Feststellungsklage gewonnen. In dieses System fügt sich die prozessuale Behandlung des Vertrages ein. Adäquate Klageart bei Streitigkeiten aus dem Vertrage ist die Leistungs- bzw. die Feststellungsklage. Auf die Einzelheiten[160] — etwa des normersetzenden Vertrags; die Möglichkeit, aufgrund des Vertrags Verwaltungsakte zu erlassen mit den jeweiligen prozessualen Konsequenzen — braucht hier nicht eingegangen zu werden.

d) Zwischenergebnis

Rechtsverhältnis i. S. d. § 43 Abs. 1 VwGO ist mithin die aus der jeweils rangniedrigsten öffentlich-rechtlichen Regelung folgende Rechte- und Pflichtenbeziehung zwischen zwei Rechtssubjekten. Von dieser Erkenntnis bis zur Lösung des anstehenden Rechtsschutzproblems bleibt nur ein kurzer Weg:

Jedes Rechtsverhältnis i. S. der verwaltungsgerichtlichen Feststellungsklage ist Folge einer rechtlichen Regelung. Umgekehrt begründen alle Rechtsvorschriften, die hier als self-executing bezeichnet worden sind, Rechtsverhältnisse zwischen ihrem Zurechnungs- und Zuordnungssubjekt.

---

[158] Renck JuS 1966, S. 273, 278 f. verkennt diese Struktur des Ermächtigungsrechtssatzes zu legislativem Tätigwerden der Verwaltung.
[159] Abgesehen davon wäre das Verfahren nicht effektiv, wie Maurer S. 298—300 deutlich erkennt. Würde etwa die umstrittene Norm aus formalen Gründen nichtig sein, so würde der Kläger gerade das Gegenteil von dem erreichen, was er erstrebt.
[160] Dazu Lerche, in: Staatsbürger und Staatsgewalt II S. 59 ff.

Glaubt sich jemand durch eine solche Rechtsvorschrift in seinen Rechten verletzt und beantragt er die Feststellung, daß aufgrund ihrer ein Rechtsverhältnis *nicht* bestehe, so behauptet er das Nichtbestehen eines Rechtsverhältnisses i. S. d. § 43 VwGO[161]. Dabei ist gleichgültig, ob er selbst Partner des behaupteten Rechtsverhältnisses ist oder dieses z. B. zwischen dem Beklagten und einem Dritten besteht[162].

2. Das Rechtsschutzbedürfnis

Die andere Zulässigkeitsvoraussetzung der verwaltungsgerichtlichen Feststellungsklage — das Rechtsschutzbedürfnis — wirft keine besonderen Probleme auf. Diese ganze Untersuchung war ja nur deshalb nötig, weil für ein Rechtsschutzbedürfnis keine Rechtsschutzform gefunden wurde. Eine detaillierte Darlegung der Komponenten des Feststellungsinteresses erübrigt sich deshalb[163]; hinzuweisen ist aber auf zwei Punkte in seiner gesetzlichen Formulierung. Nach § 43 Abs. 1 VwGO kann die Feststellung nur begehrt werden, „wenn der Kläger ein berechtigtes Interesse an der baldigen Feststellung hat".

Einmal ist nur ein berechtigtes Interesse an der Feststellung eines bestimmten Rechtsverhältnisses gefordert. Wie dieses von rechtlichen Interessen einerseits, von nicht mehr berechtigten andererseits soll abgegrenzt werden können, kann hier dahinstehen[164]. Wichtig sind nur die insoweit zweifellos erweiterten Möglichkeiten[165] der Feststellungsklage: insbesondere wird sich für die Feststellung eines Rechtsverhältnisses zwischen Dritten regelmäßig nur ein berechtigtes Interesse nachweisen lassen.

Zum anderen — denn hierauf liegt die Betonung — interessiert das Tatbestandsmerkmal „baldig", auch in ihm nämlich spiegelt sich die Ordnung der verwaltungsgerichtlichen Klagearten, insbesondere die strukturelle Unterscheidung von Anfechtungsklagen und Feststellungsklage. Die Betonung des zeitlichen Moments im Feststellungsinteresse erklärt sich aus der Möglichkeit, daß später ein Verwaltungsakt ergeht, der eine dieses Rechtsverhältnis betreffende behördliche Feststellung

---

[161] Richtig BVerwGE 7, S. 30 (36) und dazu Bachof JZ 1962, S. 701 (707).

[162] Allgemeine Meinung; vgl. Menger, System S. 236/237 m. N.; Eyermann-Fröhler § 43 Rz. 7.

[163] Dazu ausführlich die Dissertationen von Kl. Müller (S. 48 ff.), Kreutziger (S. 87 ff.), Bergmann (S. 105 ff.) alle m. w. N.

[164] Wenig überzeugend ist die Abgrenzung von Bergmann, VerwArch 49 (1958), S. 333 (337), wonach ein berechtigtes Interesse gegeben ist, „wenn sich ein — an sich nicht feststellungsfähiger — Rechtszustand zu einem der Feststellungsklage zugänglichen konkreten Rechtsverhältnis verdichtet hat."

[165] Vgl. Menger, System S. 245; Bergmann Dissertation S. 107 ff. jeweils m. w. N.

B. Die inzidente Normenkontrolle durch Feststellungsklage

enthält[166]; als konkretere Rechtsetzung löst er das Rechtsverhältnis ab und eröffnet den Weg zur Anfechtungsklage, durch die eine (inzidente) Feststellung erreicht werden kann. Auch zur Leistungsklage wird durch das Wort „baldig" insofern eine Abgrenzung geleistet, als ein Rechtsschutzbedürfnis für die Feststellungsklage nur besteht, wenn das Abwarten der Möglichkeit einer Leistungs- oder Unterlassungsklage berechtigten Interessen des Klägers zuwiderliefe[167].

Wehrt sich der Kläger durch Erhebung einer Feststellungsklage gegen eine rechtswidrige self-executing Norm, so kann insbesondere unter dem Gesichtspunkt einer künftig möglichen Anfechtungs- oder Leistungsklage ein Rechtsschutzbedürfnis nicht verneint werden, da ein Verwaltungsakt aufgrund der self-executing Norm nicht ergehen und ebensowenig die Möglichkeit einer Leistungsklage bestehen wird.

II. Die Voraussetzungen ihrer Begründetheit

Begründet ist die positive Feststellungsklage, wenn das Rechtsverhältnis besteht; die negative — für die Abwehr normativen Unrechts vor allem wichtig —, wenn es nicht besteht.

Bestehen oder Nichtbestehen eines Rechtsverhältnisses hängt zum einen vom rechtlichen Bestand der Rechtsvorschrift, zum anderen davon ab, ob sie einen bestimmten Sachverhalt subsumptiv erfaßt. Über diese letzte Frage wird bei den hier infragestehenden Rechtsvorschriften kaum je gestritten werden; zumeist wird es um die Rechtmäßigkeit der Norm gehen. Dabei ist unerheblich, ob eine rechtswidrige Norm ipso iure nichtig ist[168], denn eine Rechtsvorschrift kann schon dann ein Rechtsverhältnis nicht begründen, wenn sie rechtswidrig ist. Das Gericht hat — genau wie im Rahmen einer Anfechtungsklage — eine von ihm als rechtswidrig erkannte untergesetzliche[169] Norm bei der Entscheidung des Rechtsstreits außer acht zu lassen und das Nichtbestehen eines Rechtsverhältnisses festzustellen. Eine rechtswidrige Norm nämlich ver-

---

[166] Vgl. dazu BVerwGE 26, S. 23; BVerwG DVBl. 1963, S. 184, BVerwGE 25, S. 280. Da die Verwaltung es „primär" in der Hand hat, mittels Verwaltungsakt die Feststellung verbindlich zu treffen, entfällt regelmäßig ihr Rechtsschutzbedürfnis. Vgl. dazu Schefold, Zum deutschen Verwaltungsrechtsschutz S. 58 Fußn. 281 und S. 61 Fußn. 300.

[167] Vgl. R. Naumann, in: Jellinek-Gedächtnisschrift S. 391; Ruckdäschel DÖV 1961, S. 675 (679).

[168] Dazu Chr. Böckenförde, Die sogenannte Nichtigkeit verfassungswidriger Gesetze, passim.

[169] Bei (nachkonstitutionellen) Gesetzen hat es gemäß Art. 100 GG vorzugehen.

mag nicht zu bestimmen, was zwischen zwei Rechtssubjekten rechtens ist[170].

In dieser Weise kann durch Erhebung einer Feststellungsklage eine (inzidente) Normenkontrolle und so Rechtsschutz gegen eine rechtswidrige Norm erlangt werden.

C. Die Vereinbarkeit der prinzipalen Normenkontrolle nach § 47 VwGO mit der inzidenten Normenkontrolle nach § 43 VwGO

Dieses Ergebnis steht zur Regelung des verwaltungsgerichtlichen Normenkontrollverfahrens nach § 47 VwGO nicht in Widerspruch[171]. Funktion, Gegenstand und Reichweite der Verfahren sind verschieden[172]. In der Feststellungsklage wird über Bestehen oder Nichtbestehen eines Rechtsverhältnisses, nicht über die Gültigkeit einer Rechtsnorm gestritten[173]. Der Tenor des Feststellungsurteils nach § 43 VwGO enthält nicht die Feststellung, daß die Norm rechtswidrig und deshalb nichtig

---

[170] Dazu Hesse, Grundzüge des Verfassungsrechts der Bundesrepublik Deutschland S. 246 f.

[171] Schon Lorenz gibt in seiner Dissertation S. 183 Anm. 1 dem Kläger eine Wahlmöglichkeit zwischen Feststellungsklage und Normenkontrollverfahren, wenn sowohl die Tatsachen, auf die die Norm zuträfe, wie die Gültigkeit der Norm von ihm bestritten werden.

[172] Vgl. Renck DÖV 1964, S. 651; entsprechend formuliert den funktionellen Unterschied zwischen § 42 und § 47 VwGO baden-württembergischer VGH (ESVGH 11, S. 128 f.).
Den Begriff eines „eigentlichen Gegenstandes" eines Verwaltungsstreitverfahrens, zu dem die Normenkontrolle werden könnte, gibt es entgegen BVerwG DÖV 1965, S. 169 nicht.

[173] Jeder Auslegungszwang in Ansehung des vieldeutigen (vgl. Bachof DÖV 1964, S. 9 ff.) § 47 VwGO läßt sich deshalb vermeiden. Weder Art. 93 Abs. 1 S. 1 GG — so aber OVG Bremen DÖV 1961, S. 264 f. m. w. N.; Bergmann DÖV 1961, S. 264 u.a.; Renck DÖV 1964, S. 1 ff. — noch die §§ 90 ff. BVGG vermögen das Verfahren nach § 47 VwGO auszuschließen — so aber u. a. Bettermann AöR 86 (1961), S. 138 ff.; Mang BayVBl. 1961, S. 273 — oder auch nur einzuschränken — so etwa Obermayer DVBl. 1965, S. 625 (630), der Bundesgrundrechte vom Maßstabsrecht ausschließen will. Andernfalls, so erkennen Menger/Erichsen VerwArch 58 (1967), S. 384 zutreffend, würde § 47 VwGO leerlaufen und es läge näher, den Vorbehalt zugunsten der Verfassungsgerichte für unbeachtlich zu erklären (vgl. auch Wilken DVBl. 1969, S. 532, 536 ff.). Nicht die Notwendigkeit, über § 47 VwGO Rechtsschutz zu gewähren, sondern die Funktionsverschiedenheit der genannten Verfahren führt zu diesem Ergebnis. (Vgl. bes. Hoffmann JZ 1964, S. 702 (706); auch Bachof AöR 86, S. 188 ff.; ders. DÖV 1964, S. 9 ff. m. w. N.; Spanner BayVBl 1963, S. 225; Mang BayVBl 1961, S. 273). Daß eine Gefahr widersprechender Entscheidungen am Verfassungs- und Oberverwaltungsgericht nicht besteht, ist schon ausreichend dargetan; vgl. Obermayer DVBl. 1965, S. 625 (631).

C. Prinzipale und inzidente Normenkontrolle

sei; er beschränkt sich auf jene Feststellung, auf die nach § 43 VwGO geklagt werden kann. Über die in dieser Untersuchung aufgewiesene Möglichkeit der Feststellungsklage könnte das Verfahrensziel der Normenkontrolle nach § 47 VwGO — die allgemeinverbindliche Gültigkeitsverneinung — jedoch selbst dann nicht erreicht werden, wenn die Rechtswidrigkeit der Norm nicht nur in den Gründen, sondern im Tenor des Urteils erschiene. Es könnte keine allgemeinverbindliche Nichtigkeitsfeststellung darin liegen. Die sogenannte Ipso-iure-Nichtigkeit rechtswidriger Rechtssätze ist keine logische Folge, sondern ein Rechtssatz[174]. Er bedarf stets der Vermittlung durch eine verbindliche Feststellung[175]. Diese ist aber nur aufgrund einer gesetzlichen Ermächtigung denkbar. Das heißt: ein Urteil, das die Rechtswidrigkeit eines Rechtssatzes feststellt, kann ohne besondere Ermächtigung niemals die Wirkung einer allgemeinverbindlichen Nichtigkeitsfeststellung haben. Es hat die normale Rechtskraftwirkung[176]. Darum ist die Befürchtung, mittels der Feststellungsklage werde das Ziel einer — unzulässigen — verwaltungsgerichtlichen Normenkontrolle erschlichen[177] gegenstandslos. Vielmehr können — wo die Normenkontrolle nach § 47 VwGO eingeführt ist — beide Verfahren nebeneinander betrieben werden.

Der Bereich der Feststellungsklage erweist sich darüber hinaus als weiter denn der des Normenkontrollverfahrens. Es läßt sich auch das Bestehen oder Nichtbestehen jener Rechtsverhältnisse feststellen, die nicht auf untergesetzlichen Rechtsvorschriften eines Landes, sondern etwa auf Rechtsverordnungen des Bundes beruhen[178].

Dergestalt erweist sich die erwähnte Funktionsverschiedenheit der Verfahren nach § 47 und § 43 VwGO. Während sich die Feststellungsklage — auch soweit sie Schutz gegen Rechtsvorschriften gewährt — in das System der verwaltungsgerichtlichen Rechtsschutzverfahren bruchlos und gleichgeordnet einfügt, bleibt § 47 VwGO außerhalb als ein Verfahren eigener Art: in seiner Doppelfunktion ein effektives,

---

[174] Vgl. Chr. Böckenförde, Die sogenannte Nichtigkeit verfassungswidriger Gesetze S. 22 und 25 f. A. A. Maurer S. 303 und Nachweise ebd. Fußn. 93.

[175] Vgl. Chr. Böckenförde, Die sogenannte Nichtigkeit verfassungswidriger Gesetze S. 41/42.

[176] „Die allgemein verbindliche Normentscheidung als Ziel der prinzipalen Normenkontrolle kann über eine Feststellungsklage nach § 43 I VwGO nicht erreicht werden, weil verwaltungsgerichtliche Rechtsschutzverfahren gemäß § 121 VwGO ausnahmslos nur unter den Verfahrensbeteiligten wirken." (Renck JuS 1966, S. 273, 277 r. Sp.).

[177] So etwa BVerwG DÖV 1965, S. 169; Huber, Wirtschaftsverwaltungsrecht Bd. 2 S. 618 f.

[178] Vor allem ist dies wichtig, wenn Rechtssätze aufgrund bundesrechtlicher Ermächtigung als Bundesrecht anzusehen sind: Menger/Erichsen VerwArch 57 (1966), S. 64 ff.; dies. VerwArch 56 (1965), S. 285 ff. Dagegen VGH Mannheim ESVGH 11, S. 32 und die h. M.

wenn in seinem Bereich auch begrenztes, Rechtsschutzmittel soll es zugleich der Prozeßsparsamkeit und Rechtssicherheit durch die Kontrolle allgemeiner Rechtssätze dienen. Nur als eine solche eigenartige Möglichkeit konnte es auch der Disposition des Landesgesetzgebers überlassen bleiben.

Literaturverzeichnis

Bachof, Otto: Bundesrecht als Maßstabsrecht im verwaltungsgerichtlichen Normenkontrollverfahren? DÖV 1964, S. 9
— Die Rechtsprechung des Bundesverwaltungsgerichts (BVerwGE Bd. 1—3). JZ 1957, S. 431
— Die verwaltungsgerichtliche Klage auf Vornahme einer Amtshandlung 2. Aufl., Tübingen 1968
— Diskussionsbeitrag zu „Der Plan als verwaltungsrechtliches Institut". VVDStRL 18, S. 208
— Die Rechtsprechung des Bundesverwaltungsgerichts (BVerwGE Bd. 4—12). JZ 1962, S. 701
— Die Rechtsprechung des Bundesverwaltungsgerichts (BVerwGE Bd. 13—19). JZ 1966, S. 473
— Nachwort (z. Aufsatz von Bettermann) (s. u.). AöR 86 (1961), S. 188
— Verwaltungsakt und innerdienstliche Weisung, in: Verfassung und Verwaltung in Theorie und Wirklichkeit. Festschrift für Wilhelm Laforet. München 1952, S. 285
— Zur Verfassungsbeschwerde gegen Rechtsverordnungen und Satzungen. NJW 1968, S. 1065

Bartlsperger, Richard: Die Bauleitplanung als Reservat des Verwaltungsstaates. DVBl 1967, S. 360

Bauer, Wilhelm: Wiederaufbau der Verwaltungsrechtspflege. SJZ 1946, S. 149.

Bergmann, Wolfgang: Anmerkung zum Vorlagebeschluß des OVG Bremen vom 26. 7. 1960
DÖV 1961, S. 264
— Das Rechtsschutzbedürfnis bei der verwaltungsgerichtlichen Feststellungsklage. VerwArch 49 (1958), S. 333
— Der Antrag auf Einleitung eines verwaltungsgerichtlichen Normenprüfungsverfahrens. NJW 1959, S. 1308
— Die Feststellungsklage im Verwaltungsstreitverfahren. Dissertation München 1957
— Probleme bei der verwaltungsgerichtlichen Feststellungs- und Zwischenfeststellungsklage. DÖV 1959, S. 570
— Zwischenbilanz zur verwaltungsgerichtlichen abstrakten Normenkontrolle VerwArch 51 (1960), S. 36

Bericht des Rechtsausschusses des Deutschen Bundestages. 3. WP BT-Drucksache 1094

Bettermann, Karl August: Zur Verfassungsbeschwerde gegen Gesetze und zum Rechtsschutz des Bürgers gegen Rechtsetzungsakte der öffentlichen Gewalt. AöR 86 (1961), S. 129

Böckenförde, Christoph: Die sogenannte Nichtigkeit verfassungswidriger Gesetze. Berlin 1966

Blomeyer, Arwed: Einzelanspruch und gemeinschaftlicher Anspruch von Miterben und Miteigentümern. Zur Frage der notwendigen Streitgenossenschaft. AcP 159 (1960), S. 385

Blümel, Willi: Ungereimtheiten beim Rechtsschutz gegen Planfeststellungen. DÖV 1959, S. 665

— Zur inhaltlichen Überprüfung des Bebauungsplanes im nachfolgenden Enteignungsverfahren. DÖV 1965, S. 297

Brauer, Helmuth: Die beiden Feststellungsklagen im Verwaltungsstreitverfahren der Britischen Zone. MDR 1951, S. 457

Bräutigam, Horst: Verwaltungsrechtsweg und Klagearten. DÖV 1960, S. 364

Brohm, Winfried: Rechtsschutz im Bauplanungsrecht. Stuttgart 1959

Czermak, Fritz: Anmerkung zu BVerwG NJW 1963, S. 553. NJW 1963, S. 1027

Dürig, Günter: Maunz-Dürig Grundgesetz Kommentar Art. 19 Abs. 4. 2. Aufl., München und Berlin 1966

Engelhardt, Dieter: Das richterliche Prüfungsrecht im modernen Verfassungsstaat. JöR NF 8 (1959), S. 107

Engisch, Karl: Einführung in das juristische Denken. Stuttgart 1956

Eyermann, Erich: Anmerkung zum Beschluß des VGH Mannheim vom 21. 5. 1962. DVBl 1963, S. 399

Eyermann, Erich und Ludwig *Fröhler:* Verwaltungsgerichtsordnung 4. Aufl., München und Berlin, 1965

Fenge, Horst: Die verwaltungsgerichtliche Feststellungsklage bei drohenden Verwaltungsakten. DÖV 1956, S. 392

Fleiner, Fritz: Institutionen des Deutschen Verwaltungsrechts. Neudruck der 8. neubearbeiteten Auflage. Tübingen 1928, Aalen 1960

Forsthoff, Ernst: Diskussionsbeitrag zu „Der Plan als verwaltungsrechtliches Institut". VVDStRL 18 (1959), S. 202

— Bericht und Wesen des sozialen Rechtsstaates. in: VVDStRL 12 (1953), S. 8

— Norm und Verwaltungsakt im geltenden und künftigen Baurecht. DVBl 1957, S. 113

Friesenhahn, Ernst: Verfassungsgerichtsbarkeit in der BRD, in: Verfassungsgerichtsbarkeit in der Gegenwart. Bd. 36 der Beiträge zum Ausländischen Öffentlichen Recht und Völkerrecht. Köln, Berlin 1962, S. 89

— Die Staatsgerichtsbarkeit, in: HdBDStR II § 98 S. 523 ff. Tübingen 1932

Fuß, Ernst-Werner: Allgemeiner Rechtssatz und Einzelakt. Bericht und Gedanken über die Schrift von Dieter Volkmar. DÖV 1964, S. 522

Gelder, Alfons v.: Feststellungsklage eigener Art im Verwaltungsprozeß — VG Kassel, Urteil vom 22. 5. 1963. JuS 1965, S. 89

Hasselbach, Gerhard: Die Feststellungsklage im Verwaltungsstreitverfahren. Dissertation, Mainz 1954

Haueisen, Fritz: Das Verhältnis von Norm und Verwaltungsakt und seine Bedeutung für Klage und Urteil. DVBl 1959, S. 793

Haueisen, Fritz: Öffentlich-rechtliche Vorfragen im Zivilprozeß. NJW 1953, S. 121

— Die Feststellungsklage im Verwaltungsprozeß. NJW 1952, S. 913

Haug, Winfried: Die neuere Entwicklung der vorbeugenden Unterlassungs- und der allgemeinen Beseitigungsklage. DÖV 1967, S. 86

Hegel, Hermann: Zur Verpflichtungs- und zur Leistungsklage in der VwGO. DÖV 1965, S. 413

Heitzer, Sebastian und Ernst *Österreicher*: Bundesbaugesetz-Kommentar. 3. Aufl., Berlin 1968

Henke, Wilhelm: Anmerkung zum Urteil des BVerfG vom 25. 6. 1968 — 2 BvR 251/63. JZ 1969, S. 145

Herzog, Roman: Verfassungsgerichtliche und verwaltungsgerichtliche Normenkontrolle. BayVbl 1961, S. 368

Hesse, Konrad: Grundzüge des Verfassungsrechts der Bundesrepublik Deutschland. 3. Aufl., Karlsruhe 1969

Heydte, Friedrich August v. d.: Diskussionsbeitrag zu „Tragweite der Generalklausel in Art. 19 Abs. 4 des Bonner Grundgesetzes". VVDStRL 8 (1949), S. 162

Hoffmann, Reinhard: Rechtsprobleme der Verkehrszeichen. JZ 1964, S. 702

Huber, Ernst Rudolf: Wirtschaftsverwaltungsrecht 2. Bd. 2. Aufl., Tübingen 1954

Hufnagl, Franz: Die Verwaltungsgerichtsbarkeit in der amerikanischen und britischen Zone. Berlin und München, 1950

Jellinek, Georg: System der subjektiven öffentlichen Rechte. 2. Aufl., Tübingen 1905. (Neudruck Tübingen 1919)

— Der Schutz des öffentlichen Rechts durch ordentliche und durch Verwaltungsgerichte. VVDStRL 2 (1925), S. 8 ff.

— Die Verwaltungsgerichtsbarkeit in der amerikanischen Zone. DRZ 1948, S. 269

— Verwaltungsrecht. 3. Aufl., Offenburg 1948

Klein, Friedrich: Tragweite der Generalklausel im Art. 19 Abs. 4 des Bonner Grundgesetzes. VVDStRL 8 (1949), S. 67

Klein, Hans Hugo: Der Umfang der Entscheidungsbefugnis der Oberverwaltungsgerichte im Normenkontrollverfahren nach § 47 VwGO. NJW 1961, S. 1612

König, Hans-Günther: Die Prüfung des Normenkontrollantrages nach § 47 VwGO vor dem Oberverwaltungsgericht (VGH). DVBl 1963, S. 81

Kreutziger, Günter: Die vorbeugende Feststellungsklage im Verwaltungsprozeß. Dissertation Göttingen 1959

Larenz, Karl: Methodenlehre der Rechtswissenschaft. 2. Aufl. Berlin, New York, Heidelberg 1969

Lerche, Peter: Zum Stand der Lehre vom Streitgegenstand im Verwaltungsprozeß. BayVBl 1956, S. 295

— Die verwaltungsgerichtliche Klage aus öffentlich-rechtlichen Verträgen, in: Staatsbürger und Staatsgewalt II, Karlsruhe 1963, S. 59

Lerche, Peter: Ist die Nichtigkeit von Verwaltungsakten durch Anfechtungsklage oder durch Feststellungsklage geltend zu machen? DVBl 1952, S. 396
— Zwischenbilanz der Klage gegen nichtige Verwaltungsakte. DÖV 1954, S. 712

Lorenz, Fritz: Die Feststellungsklage im Verwaltungsstreitverfahren. Dissertation Hamburg 1952

Lorenz, Dieter: Anmerkung zum Urteil des BVerfG vom 25. 6. 1968 — 2 BvR 251/63. DVBl 1969, S. 144

Löwenberg, Bernward: Die Geltendmachung von Geldforderungen im Verwaltungsrecht. Berlin 1967

Lüke, Gerhard: Der Streitgegenstand im Verwaltungsprozeß. JuS 1967, S. 1

Mang, Johann: Bebauungsplan und Normenkontrolle. BayVBl 1961, S. 273

Maurer, Hartmut: Die Rücknahme rechtswidriger belastender Verwaltungsakte. DÖV 1966, S. 477
— Rechtsschutz gegen Rechtsnormen. Tübinger Festschrift für Eberhard Kern. Tübingen 1968, S. 275

Menger, Christian-Friedrich: Allgemeine Prozeßrechtssätze in der Verwaltungsgerichtsordnung, in: Staatsbürger und Staatsgewalt II. Karlsruhe 1963, S. 427
— Der Schutz der Grundrechte in der Verwaltungsgerichtsbarkeit, in: Bettermann-Nipperdey-Scheuner, Die Grundrechte, Handbuch der Theorie und Praxis der Grundrechte III. Bd. 2. Halbbd. Berlin 1959, S. 717
— Höchstrichterliche Rechtsprechung zum Verwaltungsrecht. VerwArch 48 (1957), S. 166 ff., 262 ff., 352 ff. VerwArch 56 (1965), S. 81 ff., 177 ff.

Menger, Christian-Friedrich und Hans-Uwe *Erichsen*: Höchstrichterliche Rechtsprechung zum Verwaltungsrecht. VerwArch 56 (1965), S. 278 ff., 374 ff. VerwArch 57 (1966), S. 64 ff., 175 ff., 270 ff., 377 ff. VerwArch 58 (1967), S. 70 ff., 171 ff., 278 ff., 375 ff. VerwArch 59 (1968), S. 67 ff., 167 ff., 275 ff. VerwArch 60 (1969), S. 60 ff.
— System des verwaltungsgerichtlichen Rechtsschutzes. Eine verwaltungsrechtliche und prozeßvergleichende Studie. Tübingen 1954
— Über die Identität des Rechtsgrundes der Staatshaftungsklagen und einiger Verwaltungsstreitsachen, in: Gedächtnisschrift für Walter Jellinek. München 1955, S. 347

Meiss, Wilhelm: Zum Verhältnis von Zivilprozeß und Verwaltungsprozeß. ZZP 67 (1954), S. 169

Meyer, Klaus: Betrachtungen über die Verwaltung aus der Sicht der Rechtsprechung. DÖV 1969, S. 162
— Staat, Gemeinde und Bürger im neuen Baurecht, in: Staatsbürger und Staatsgewalt II. Karlsruhe 1963, S. 329

Müller, Friedrich: Die Feststellungsklage im Verwaltungsstreitverfahren. ZMR 1952, S. 226

Müller, Klaus: Die verwaltungsgerichtliche Feststellungsklage. Dissertation Frankfurt 1966

Naumann, Albrecht: Die allgemeine Feststellungsklage im Verwaltungsprozeß. Dissertation Hamburg 1952

Naumann, Richard: Die Verwaltungsgerichtbarkeit. In welcher Weise empfiehlt es sich, die Gesetzgebung über die Verwaltungsgerichtsbarkeit zu vereinheitlichen? in: Verhandlungen des 38. Dt. Juristentages. Tübingen 1951, D. 18

— Diskussionsbeitrag zu: „Die staatliche Intervention im Bereich der Wirtschaft", in: VVDStRL 11 (1952), S. 131 ff.

— Vom vorbeugenden Rechtsschutz im Verwaltungsprozeß, in: Gedächtnisschrift für Walter Jellinek. München 1955, S. 391

— Zur verwaltungsgerichtlichen Feststellungsklage. DVBl 1951, S. 140

Niese, Werner: Über den Streitgegenstand der Anfechtungs- und Vornahmeklagen im Verwaltungsprozeß. JZ 1952, S. 353.

Obermayer, Klaus: Der Plan als verwaltungsrechtliches Institut (Mitbericht). VVDStRL 18 (1959), S. 144

— Über die Rechtsnatur und Anfechtbarkeit kommunaler Gebiets- und Statusänderungen. BayVBl 1958, S. 69

— Verfassungsrechtliche Aspekte der verwaltungsgerichtlichen Normenkontrolle. DVBl 1965, S. 625

Paulus, Willy: Ortsbauplan und Normenkontrolle. Baden-württembergisches VBl 1960, S. 101

Quaritsch, Helmut: Die einstweilige Anordnung im Verwaltungsprozeß. VerwArch 1960, S. 210 und 342

Redding, Günter: Rechtsverhältnisse und verwaltungsgerichtliche Feststellungsklage. DÖV 1956, S. 388

Redeker, Konrad und Hans-Joachim v. *Oertzen:* Verwaltungsgerichtsordnung. 3. Aufl., Stuttgart 1969

Renck, Ludwig: Die Rechtsnatur von Verkehrsregelungen durch Verkehrszeichen — BGHSt 20, S. 125. JuS 1967, S. 545 (547)

— Die Antragsbefugnis der Gerichte im verwaltungsgerichtlichen Normenkontrollverfahren. Baden-württembergisches VBl 1964, S. 150

— Bundesrecht als Maßstabsrecht im verwaltungsgerichtlichen Normenkontrollverfahren? DÖV 1964, S. 1

— Die verfassungsrechtlichen Möglichkeiten eines Rechtsschutzes bei Rechtsverletzungen unmittelbar durch Rechtsvorschriften. DÖV 1964, S. 651

— Feststellung der Wirksamkeit von Verwaltungsakten. NJW 1965, S. 1791

— Verwaltungsgerichtlicher Rechtsschutz gegen Rechtsnormen — BVerwG DÖV 1965, S. 169. JuS 1966, S. 273

— Verwaltungsakt und Gesetzesvorbehalt — BVerwGE 18, S. 283. JuS 1965, S. 129

Ress, Georg: Die Entscheidungsbefugnis in der Verwaltungsgerichtsbarkeit. Wien, New York 1968

Rönnebeck, Georg: Klageformen im Bereich der verwaltungsgerichtlichen Leistungsklagen. Dissertation München 1968

Rosenberg, Leo: Lehrbuch des Deutschen Zivilprozeßrechts. 9. Aufl., München und Berlin 1961

Ruckdäschel, Oskar: Vorbeugender Rechtsschutz im Verwaltungsprozeß. DÖV 1961, S. 675

Rupp, Hans Heinrich: Kommentare zur Verwaltungsgerichtsordnung. AöR 88 (1963), S. 479
— Anmerkung zum Urteil des OVG Münster vom 30. 9. 1964 — III A 651/62 (VG Köln). JZ 1965, S. 370
— Grundfragen der heutigen Verwaltungsrechtslehre. Tübingen 1965

Sasse, Christoph: Rechtscharakter der Verkehrszeichen — Zulässigkeit von Parkscheiben. Bem. zum Urteil des hessischen VGH vom 24. 4. 1963. DÖV 1964, S. 42
— Sind Verkehrszeichen wirklich Rechtsvorschriften? DÖV 1962, S. 321

Schäfer, Walter: Die Klagearten nach der VwGO. DVBl 1960, S. 837

Schefold, Dian: Zum deutschen Verwaltungsrechtsschutz. Basel und Stuttgart 1969

Schmidt, Helmut: Zum Streitgegenstand der verwaltungsgerichtlichen Anfechtungsklage. DÖV 1962, S. 486

Schmidt, Walter: Gesetzesvollziehung durch Rechtsetzung. Bad Homburg v. d. H., Zürich 1969

Schneider, Hans: Verkehrszeichen sind Tatbestandsmerkmale. NJW 1964, S. 1297

Schoen, Xaver: Die Normenprüfung durch den Verwaltungsgerichtshof, in: Gedächtnisschrift für Walter Jellinek. München 1955, S. 407
— Sind Normenkontrollbeschlüsse revisionsfähig? DÖV 1954, S. 46
— Zeit- und Streitfragen zum Verwaltungsprozeß. DÖV 1951, S. 393

Schrödter, Hans: Bundesbaugesetz-Kommentar. 2. Aufl. Berlin und Frankfurt 1969

Schütz, Walter und Günter *Frohberg*: Kommentar zum Bundesbaugesetz. 2. Aufl. Neuwied, Berlin, Darmstadt 1962

Schweiger, Karl: Rechtsverordnung im formellen Sinn? DÖV 1955, S. 360

Sellmann, Martin: Rechtsschutz im Bauplanungsrecht — rechtspolitisch gesehen. DÖV 1967, S. 219

Spanner, Hans: Grundsätzliche Fragen des Verordnungsrechts. BayVBl 1962, S. 225

Stein-Jonas-Schumann-Leipold: Kommentar zur Zivilprozeßordnung. 19. Auflage, Tübingen 1968

Stern, Klaus: Der praktische Fall. Öffentliches Recht: Umstrittene Maßnahmen der Bundesbank. JuS 1963, S. 68
— Verwaltungsprozessuale Grundprobleme in der öffentlich-rechtlichen Arbeit. JuS 1965, 139, 183, 232, 270, 306, 355

Traum, Franz: Die Feststellungsklage und ihre Zulässigkeit in den Verwaltungsstreitverfahren Preußens, Bayerns, Sachsens, Württembergs und Badens. Dissertation Heidelberg 1926

Turegg, Kurt Egon Frh. v.: Feststellungsklage im Verwaltungsstreitverfahren. MDR 1952, S. 150

Ule, Carl Hermann: Revisibilität von Normenkontrollentscheiden? AöR 82 (1957), S. 123

Ule, Carl Hermann: Verwaltungsgerichtsbarkeit, in: M. v. Brauchitsch, Verwaltungsgesetze des Bundes und der Länder, neu herausgegeben von C. H. Ule, Bd. I, 2. Halbband. 2. neubearbeitete Aufl., Köln, München, Bonn 1962

— Verwaltungsprozeßrecht. 4. Aufl., München und Berlin 1966

Volkmar, Dieter: Allgemeiner Rechtssatz und Einzelakt. Versuch einer begrifflichen Abgrenzung. Berlin 1962

Weckerle, Lothar: Vorbeugender Rechtsschutz im Verwaltungsprozeß. München 1967

Wilken, Rainer: Der Prüfungsmaßstab im verwaltungsgerichtlichen Normenkontrollverfahren. Kieler jur. Dissertation. Bamberg 1967

— Rechtsschutz gegen Normen und verwaltungsgerichtliche Normenkontrolle. DVBl 1969, S. 532

Wolff, Hans J.: Verwaltungsrecht I. 7. Aufl., München und Berlin 1968

— Verwaltungsrecht III. München und Berlin 1966

Wolfram, Klaus: Die verwaltungsgerichtliche Normenkontrolle nach § 47 VwGO. Dissertation München 1967

Zinkahn, Willy und Walter *Bielenberg:* Bundesbaugesetz-Kommentar. München und Berlin 1966

Printed by Libri Plureos GmbH
in Hamburg, Germany